유아 그릿

AI 시대에도 변하지 않는 성장의 힘
끝까지 해내는 아이로 자라는 마음 근육, 그릿(Grit)

김 선 정

KNOWLEDGE COMMUNITY 공동체

프롤로그

요즘 아이들은 작은 어려움에도 쉽게 포기한다는 말을 자주 듣습니다. 하지만 저는 그 '포기'라는 말 뒤에 숨어 있는 두려움의 원인을 들여다보고 싶었습니다. 실패할까 두려워, 실망시킬까 두려워, 그래서 시도조차 하지 못하는 아이들. 그 마음을 헤아리고, 그 두려움의 이유를 찾고 싶었습니다. 아이를 나무라거나 "너는 안 돼."라고 단정하기보다, 무엇이 아이들을 포기하게 만드는 것인지, 또 끝까지 해내는 힘은 어디서 오는 것인지, 다시 일어서는 마음은 어떻게 자라는 것인지에 대한 답을 찾고 싶었습니다.

그 여정의 한가운데서 저는 '그릿(Grit)'을 만나게 되었고, 다년간의 연구 과정을 통해 깨달았습니다. 그릿은 특별한 누군가만이 가진 것이 아니라, 모든 아이의 마음속에 그릿의 씨앗이 있고 저마다의 속도로 자라고 있음을 알게 되었습니다. 그리고 그 씨앗이 자라기 위해서는 부모의 믿음과 기다림, 그리고 따뜻한 지원이 필요하다는 사실을 깨닫게 되었습니다.

'유아 그릿'은 부모와 교사가 아이와 함께하는 일상 속에서 그릿을 느끼고 길러줄 수 있도록 돕기 위한 책입니다. 이 책은 유아 그릿의 개념과 과학적 근거를 다룬 '이론 편(제1~4장)'과 부모와 아이가 함께 일상에서 실천할 수 있는 방법을 담은 '실천 편(제5~7장)'으로 구성되어 있습니다.

아이가 태어나 자라는 성장의 긴 여정 속에서 부모와 자녀가 모두 행복하면 좋겠습니다. 아이에게 모든 걸 헌신하거나, 미안해하기보다 부모와 자녀가 서로에게 힘이 되어주는 관계가 되길 바랍니다. 오늘도 가족의 행복을 위해 고민하며 노력하는 부모님을 응원하며, 이 책이 그 여정 속에서 아이의 마음에 그릿의 씨앗을 심는 따뜻한 길잡이가 되기를 바랍니다.

머리말

좋은 부모가 되고 싶었습니다. 아이가 울 때 어떻게 안아주어야 할지, 힘들어할 때 어떤 말을 건네야 할지 알고 싶었습니다. 아동학을 만나고 유아교육을 전공하면서 세상을 바라보는 시선이 달라졌습니다. 학업을 이어가며 자연스레 어린 시절을 돌아볼 수 있었습니다. 크며 잊고 지냈던 기억들 속에서 부모님과 선생님들께 받았던 무한한 사랑이 하나둘 떠올랐습니다. 그리고 그 사랑 덕분에 지금의 제가 있음을 알 수 있었습니다. 받은 사랑을 아이들에게 다시 전하고 싶다는 마음이 저를 교사의 길로 이끌었습니다. 그동안 연구와 강의를 이어오며, 교사로서 아이들의 성장을 가까이에서 돕고 부모님과 아이들을 만나 온 시간들은 지금의 저를 만든 소중한 의미로 남아 있습니다.

이 책이 세상에 나오기까지 많은 분들의 사랑과 응원이 있었습니다. 'Why Not?'이라는 용기를 건네주시며 저를 연구자로서 성장할 수 있도록 이끌어 주신 이유미 교수님, 배움의 기쁨을 일깨워 주신 김미량 교수님께 감사드립니다. 꿈을 향한 도전을 따뜻하게 응원해 주신 고재휴 원장님, 아이들에게 사랑을 전하는 교육자로서의 품격과 따뜻한 귀감을 보여주신 조미훈 원장님, 오수영 원장님께도 감사드립니다. 그리고 곁에서 든든한 힘이 되어주신 부모님과 남편, 아이, 자매들에게 사랑과 깊은 감사의 마음을 전합니다. 끝으로, 이 책이 세상에 나오기까지 함께해 주신 도서출판 공동체의 모든 분들께 진심으로 감사드립니다.

2025년

김선정

목차

제3장 유아 그릿의 세 가지 핵심 요소

제4장 그릿과 뇌 발달의 과학적 근거

제5장 아이의 그릿, 어떻게 진단할 수 있을까

제6장 아이의 그릿, 이렇게 키워요

제7장 부모와 함께 자라는 아이의 그릿

제1장

그릿,
재능을 넘어 아이의 미래를 여는 힘

아이들은 세상의 모든 것에 질문을 던지며 살아갑니다. “왜요?”, “어떻게요?”, “이건 뭐예요?” 이렇게 하루에도 수십 번씩 세상을 향해 쏟아지는 물음표가 바로 아이들의 호기심입니다. 이 호기심은 단순히 궁금증이 아니라, 무언가를 배우고 해내고 싶은 마음의 불씨입니다. 블록을 쌓으며 “더 높이 쌓아볼까?”, 그림을 그리며 “이제 색칠도 해볼까?”, 일상생활과 놀이하는 가운데 아이들은 스스로 작은 목표를 세우고 끝까지 이루어 보려 애를 씁니다.

우리는 흔히 잘하는 모습을 보면 ‘재능이 있어서 그렇다’고 생각합니다. 물론 타고난 재능이 있으면 출발은 조금 더 빠르고 수월할 수 있습니다. 하지만 끝까지 해내는 힘은 재능과는 다릅니다. 호기심에서 출발해 작은 목표를 세워가며, 때로는 넘어지더라도 다시 일어나 앞으로 나아가려는 힘, 바로 그릿이 필요합니다. 이 작은 불씨가 이어지고 쌓일 때, 아이의 미래는 자신이 가진 재능보다 더 멀리, 더 단단하게 열릴 수 있습니다.

AI 시대, 아이에게 그릿이 필요한 이유

요즘 아이들은 인공지능과 함께 자랍니다. 터치 한 번이면 영상이 재생되고, QR코드를 비추면 동화가 들려옵니다. "이야기 들려줘"라고 말하면 인공지능 스피커가 금세 이야기를 시작합니다. 하루가 다르게 발전하는 기술 덕분에 아이들은 더 많은 정보를 보고, 더 다양한 자극을 경험하며 자라납니다.

하지만 그만큼 스스로 해보는 기회는 점점 줄어들고 있습니다. 무언가를 배우거나 문제를 고민하기도 전에 아이들은 답을 먼저 압니다. 조금만 어려워도 "모르겠어" 하며 고개를 젓습니다. 편리함이라는 이름 아래, 아이들은 점점 애쓰고자 하지 않는 세대가 되어가고 있습니다.

AI 시대는 이제 정보의 양이 힘이 되지 않는 시대입니다. 예전엔 많은 정보를 가진 사람이 앞서 나갔다면, 이제는 누구나 쉽게 방대한 정보에 접근할 수 있는 세상이 되었지요. 그렇다면 오늘날 우리에게 필요한 진짜 힘은 무엇일까요?

바로, 정보를 넘어 지혜로 나아가는 힘, 스스로 생각하고, 배우고, 끝까지 해내는 마음의 근육입니다. 인공지능은 지식을 알려줄 수는 있지만, 아이의 도전과 성장은 대신해 주지 않습니다. 아이의 눈빛 속 세상을 향한 호기심, 스스로 해보려는 그 작은 시도, 실패를 견디며 배우는 그 과정. 그 모든 것이 발달의 뿌리이자, AI 시대에도 변하지 않는 인간이 가진 힘입니다.

기계는 계산하지만, 아이는 느낍니다.
기계는 학습하지만, 아이는 성장합니다.

그릿(grit).
이 변화의 시대, 우리 아이를 지켜주고 변화에 대응할 수 있는 힘을 길러주는 가장 인간적인 힘의 이름입니다.

끝까지 해내는 사람들의 비밀, 그릿의 발견

비슷한 환경과 능력임에도 누군가는 목표를 이루는 데 반해, 어떤 사람은 중도에 포기하고 맙니다. 어떤 사람은 목표에 다다르기 전에 포기하고, 또 어떤 사람은 실패를 겪고도 다시 일어나 완주합니다.

무엇이 이 같은 차이를 만드는 것일까요? 고대 철학자들부터 현대의 심리학자들까지, 인류는 무엇이 사람을 성장하게 만들고, 성취로 이끄는 것인가에 대한 답을 찾고자 끊임없이 탐구해 왔습니다.

20세기, 지능이 중요했던 시대

20세기에는 이에 대한 해답으로 지능을 가장 중요하게 여겼습니다. 지능이 높으면 공부를 잘하고, 좋은 대학에 진학하고, 안정적인 직업을 얻어 사회적으로 성공할 수 있다는 사회적 믿음이 자리하고 있었습니다. 마치 시험 점수가 인생의 성패를 좌우하고, 아이의 가능성이 숫자로 환산될 수 있는 것처럼 여겨졌습니다. 학교에서는 객관식 시험 점수와 빠른 문제 풀이 능력이 우수함의 기준이었고, 얼마나 많은 지식을 빠르게 외우는지가 중요했습니다.

지능 검사는 시험 성적과 과제 해결 속도를 말해줄 수 있었지만, 아이가 친구들과 얼마나 협력하는지, 실패를 어떻게 받아들이고 다시 시도하는지는 알려주지 못했습니다. 똑똑하지만 관계에 서툴고, 공부는 잘하지만 작은 실패에도 쉽게 무너지는 사람들이 늘어났습니다. 반면, 성적은 평범해도 끈기와 인간관계를 바탕으로 스스로 길을 만들어 가는 사람도 있었습니다. 사람들은 더 이상 지능만이 인간의 삶 전체를 설명할 수 없음을 깨닫게 되었습니다.

21세기 초, 감정이 중요했던 시대

지능만으로는 아이의 성공을 설명할 수 없다는 사실이 드러나자, 교육과 심리학은 새로운 해답을 찾기 시작했습니다. 그때 주목받은 것이 바로 감정이었습니다. 자신의 감정을 인식하고 표현하며, 타인의 마음에 공감하는 능력, 이른바 정서지능은 교육의 새로운 키워드가 되었습니다.

유아교육 현장과 초등학교에서는 아이의 자존감을 키우기 위해

'오늘 내 기분 말하기', '감정 일기 쓰기' 같은 프로그램이 개발되었고, 진행되었습니다. 덕분에 아이들은 '속상해', '기분 나빠'처럼 자신의 감정을 솔직하게 표현하는 데 익숙해졌습니다. 정서지능은 자아존중감과 학습 동기를 높이는 긍정적인 효과를 가져왔습니다.

그러나 시간이 지나면서 새로운 문제가 보이기 시작했습니다. 아이들이 감정을 표현하는 능력은 자랐지만, 감정을 조절하고 견디는 힘은 기대만큼 자라지 않았던 것입니다. 요즘 교실에서는 "싫어!", "불편해!", "하지 마!"라는 말이 자주 들립니다. 사소한 불편도 참지 못하고, 작은 실패에도 "나는 못 해", "선생님이 해줘"라고 말하는 아이들이 많아졌습니다. 감정에 솔직한 것은 좋은 일이지만, 불편함을 이겨내는 힘이 약해진다면 그것은 또 다른 어려움이 됩니다.

한편, 요즘은 '공감'이 하나의 문화처럼 자리 잡았습니다. 친구나 가족, 동료 사이에서 "너는 T야, F야?"처럼 서로의 MBTI 성향을 묻는 대화가 자연스럽게 오가고, SNS에는 공감 잘하는 법 같은 짧은 영상이 넘쳐납니다. "나 우울해서 빵 사 먹었어"라는 말에 어떻게 답하는 게 맞는지가 화제가 되기도 했습니다. 물론, 누군가의 마음을 알아주고 반응하고 위로해 주는 것은 중요합니다. 하지만 이런 즉각적인 위로 중심의 공감 방식은 말 그대로 그 순간의 기분을 풀어주고 불편함을 덜어주는 데는 도움이 되지만, 정작 그 감정을 마주하고 스스로 의미를 찾아내거나, 다시 도전하려는 태도를 기르기는 어렵습니다.

부모로서 아이가 속상해할 때 "잘하고 싶었는데 생각처럼 안 돼서 속상했구나. 그래도 너는 다른 걸 잘하잖아." 하고 말해준다면 당장에는 따뜻한 위로가 될 수 있습니다. 하지만 이런 말은 일시적인 위로는 줄 수 있지만, 이러한 방식이 반복된다면 아이는 불편한 감정을 회피하거나 실패 앞에서 쉽게 물러서는 태도를 배우게 됩니다. 위로만으로는 도전의 힘을 키울 수 없습니다.

오늘날 아이들은 자신의 감정은 잘 표현하지만, 스트레스에 약하고, 자신에 대한 믿음은 점점 낮아지고 있습니다. 그러다 보니 새로운 시도나 도전 앞에서는 할 수 있다는 자신보다 하지 않으려 회피하고 주저하는 경향이 커졌습니다. 문제는 이런 성향이 성장 후에도 그대로 이어져 사회적으로 '목표 없이 방황하는 청년', '도전하지 않는 청년'과 같은 현상으로 이어지고 있다는 점입니다. 이 문제는 단지 개인의 특성이 아니라, 우리 사회 전체가 함께 고민해야 할 교육적 과제가 되었습니다.

인공지능이 대체할 수 없는 인간 고유의 힘

오늘날 우리의 일상은 인공지능과 떼려야 뗄 수 없는 시대가 되었습니다. 요즘 아이들은 포털 사이트의 검색창 대신, AI에게 바로 질문을 하고 답을 얻습니다. 부모 세대가 한참 걸리던 자료조사, 보고서 작성 및 정리도 이제는 버튼 하나로 완성됩니다. 또한 인공지능은 반복적이고 힘든 작업을 대신해 주고, 생활 곳곳에서 편리함을 더해 주고 있습니다.

하지만 새로운 기술이 우리의 삶을 더 편리하게 만들어 주는 만큼, 그 안에서 인류는 또 다른 어려움을 마주하게 되었습니다. 과거에는 한 번 배운 지식과 기술로 평생을 살아갈 수 있었지만, 이제는 그렇지 않습니다. 기술은 눈 깜짝할 사이에 바뀌고, 어제의 유망 직종이

하루아침에 사라지기도 하며, 상상하지 못했던 자리에서 전혀 새로운 사건이 생기기도 합니다.

이처럼 변화의 속도가 너무 빠른 세상에서 앞으로의 미래는 지금보다 훨씬 더 큰 불확실성을 안고 다가올 것입니다. 그리고 바로 그 미래를 살아갈 주인공은 우리 아이들입니다. 오늘날의 진짜 문제는 기술이 아니라, 그 기술의 속도와 변화를 스스로 다룰 수 있는 내적 힘이 준비되지 못했다는 점입니다.

인공지능의 편리함에 기대다 보면 스스로 생각하고 부딪히는 기회를 놓치게 됩니다. 생각하는 힘은 점차 녹슬고, 사람보다 기계와 대화하는 시간이 길어지면서 가족이나 친구와의 관계는 서툴러집니다. AI는 우리의 삶을 편리하게 만들지만, 동시에 생각하고, 느끼고, 끝까지 해내고자 노력하는 가장 인간다운 힘을 무뎌지게 할 위험이 존재합니다. 그래서 이제 우리는 다시 물어야 합니다.

"미래를 살아갈 아이들에게 필요한 힘은 무엇일까?"

물론 지능이나 감정 표현 같은 능력도 여전히 중요합니다. 하지만 변화가 너무 빠르고 예측하기 어려운 시대를 살아가기 위해서는 그보다 더 근본적인 힘이 필요합니다. 앞으로의 사회는 지금보다 더 복잡하고 경쟁이 치열하며, 동시에 협력이 필수적인 환경이 될 것입니다.

그 속에서 필요한 것은 목표를 향해 꾸준히 나아가고, 어려움에 부딪혀도 끝까지 해내는 힘입니다. 단순히 '잘하는 아이'가 아니라, 넘어져도 다시 일어나는 아이, 포기하지 않고 끝까지 해내는 아이가 되어야 합니다. 앞으로의 세상은 문제 앞에서 멈추지 않고, 모르는 것을 배우고, 방향을 조정하며, 다시 시도하는 아이가 이끌어 갈 것입니다.

유아의 그릿은 '호기심을 바탕으로 목표를 달성하기 위해 노력하고 조절하는 힘'을 의미합니다. 놀이 속에서 아이는 스스로 목표를 세우고, 여러 번 시도하며 실패를 견디고, 다시 도전합니다. 그 과정에서 감정을 조절하고 새로운 상황에 적응하며 조금씩 '해낼 수 있는 나'를 경험합니다. 세상을 향한 호기심, 도전 앞에서 물러서지 않는 마음, 넘어져도 다시 일어나는 용기, 스스로를 조율하며 목표를 향해 나아가는 힘. 그릿은 '잘하는 아이'에서 '해내는 아이'로 성장하는 데 필수적 요소입니다.

아무리 뛰어난 기술이라도, 아이의 도전과 성장, 끝까지 해내려는 마음을 대신해 줄 수는 없습니다. 인공지능이 소프트웨어라면, 그릿은 아이를 움직이는 단단한 하드웨어와 같습니다. 아무리 훌륭한 소프트웨어라도 튼튼한 하드웨어가 뒷받침될 때 비로소 진짜 힘을 발휘합니다.

그릿은 아이가 자신을 지키고, 기회를 만들며, 협력과 도전 속에서 성장할 수 있게 하는 가장 단단한 토대입니다. 결국 아이를 성장시키는 것은, 가장 인간다운 마음의 힘을 키우는 일입니다. 그리고 그 중심에 그릿이 있습니다.

그릿이 밝혀주는 미래

피아노를 배우는 아이를 떠올려 봅시다. 처음에는 재미있지만, 손가락이 아프거나 연습이 지루해질 때가 옵니다. 악보를 보는 법, 건반을 익히는 과정에서 실수도 잦습니다. 이 과정에서 많은 아이가 멈춰 버립니다.

하지만 그릿이 있는 아이는 좋아하는 곡을 칠 수 있는 날을 상상하며 조금씩이라도 건반 앞에 앉습니다. 매일 10분이라도 목표를 세우고 연습을 이어갑니다. 때로는 틀리고 속상해도 다시 시도하며 손을 움직입니다. 이런 작은 노력이 하루, 한 달, 일 년 쌓이면, 결국 비슷해 보이던 또래와 실력에서 큰 차이가 벌어집니다. 이것이 장기적인 목표를 끝까지 해내는 힘, 그릿이 만들어 내는 결과입니다.

그릿(Grit)은 2007년 안젤라 더크워스(Angela Duckworth)가 제안한 개념으로, 장기적인 목표를 향한 열정과 끈기를 의미합니다[1]. 더크워스는 금융, 언론, 학계, 의학, 군사 등 다양한 분야에서 뛰어난 성과를 거둔 사람들의 인터뷰를 진행하며 이들이 가진 공통점을 발견하였는데요, 이들 모두 '끝까지 해내는 힘'을 가지고 있었던 것입니다. 더

크워스는 이 공통된 특성에 주목하여 이를 하나의 가설로 발전시켜, 다양한 연구를 통해 그릿의 힘을 입증하였습니다. 대표적으로, 미국 웨스트포인트 사관학교 입학생들을 대상으로 그릿을 조사했을 때, IQ나 체력 점수보다도 신병 훈련 완수 여부를 더 정확히 예측해 주었습니다. 또 미국 전국 스펠링비 대회 참가자를 추적한 연구에서는, 그릿이 높은 아이들이 더 오래 연습하고 더 높은 성적을 거두는 것으로 나타났습니다. 이처럼 그릿은 단순한 재능이나 지능보다, 누가 끝까지 해내는지를 더 잘 설명해 주는 힘임이 입증되었습니다.

이후 교육학, 심리학, 사회학 등 여러 학문에서 그릿 연구가 이어졌고, 그 결과 그릿은 지능이나 재능보다 장기적인 성과를 더 잘 예측한다는 사실이 입증되었습니다. 이러한 발견은 학계의 관심을 더욱 집중시켜, 2016년 이후 전 세계적으로 매년 수만 편 이상의 논문

이 발표되고 있으며, 국내에서도 최근 매년 700편 이상의 논문이 발표되고 있습니다. 오늘날 그릿은 단순한 심리학 용어를 넘어, 현재와 미래를 이어주는 심리적 가교이자 우리 모두에게 중요한 자산으로 자리매김하고 있습니다.

그릿 연구가 폭발적으로 확산되고 지속되는 이유는 분명합니다. 그릿이 삶의 여러 영역에서 의미 있는 변화를 만들어 내는 힘을 가지고 있기 때문입니다. 그렇다면 여러 연구가 공통적으로 보여주는 그릿이 가진 힘은 무엇일까요? 지금까지의 결과를 종합하면, 그릿은 '학업 성취와 학교생활 적응', '직업에서의 성취와 전문성의 획득', '창의성과 삶의 만족감'이라는 세 가지 영역에서 탁월한 예측력을 보여주고 있습니다.

학업 성취와 학교생활 적응

첫 번째 영역은 학업성취와 학교생활 적응입니다.

학업은 아이들이 지식을 배운다는 긍정적인 의미도 있지만, 동시에 긴장과 불안을 유발하며 정신건강에 부정적인 영향을 미칩니다. 우리나라 학생들의 학업 스트레스 수준은 세계적으로도 매우 높은 편입니다. OECD가 3년마다 시행하는 국제 학업성취도평가에서 한국 학생들은 항상 상위권의 성적을 기록하지만, 삶의 만족도와 행복지수는 OECD 국가 중 최하위권 수준에 머무르고 있습니다[2]. 높은 학업에 대한 압박감이 학생들의 정서적 안녕을 심각하게 위협하고 있는 것입니다. 성적을 위한 끝없는 경쟁은 아이들의 마음을 짓누르는 무거운 짐이 되고 있으며, 때로는 삶의 의욕조차 잃게 만드는 위기의 지점으로까지 이어지고 있습니다.

물론, 교육 체계와 사회적 인식의 변화가 근본적인 해결책이지만, 이를 위해서는 여러 논의와 오랜 시간이 필요합니다. 우리 아이들은 지금 이 순간에도 배우고, 자라고 있습니다. 그렇기에 어떤 상황에서도 다시 일어설 수 있는 마음의 힘을 길러주는 일, 그것이야말로 지금 바로 우리가 아이들에게 해줄 수 있는 가장 중요한 일입니다. 그것이 지금 우리가 유아의 그릿을 이야기하는 이유입니다.

그릿은 초등학생부터 대학생까지, 학생들의 학업 성취와 학교생활 적응에 긍정적인 영향을 미치는 중요한 심리적 자원으로 작용합니다. 그릿이 높은 아이들은 심리적 부담감 앞에서도 쉽게 무너지지 않고, 힘들지만 끝까지 해보려는 태도를 유지하며, 꾸준한 노력을 통해 성과를 쌓아가는 것으로 조사되었습니다.

시율이는 수학 시험에서 70점을 받았습니다.
열심히 준비했는데도 성적이 지난번보다 떨어지자, 속상한 마음에 눈물이 났습니다.
다음 날 아침, 책상 위에는 전에는 없던 '오답 노트' 한 권이 펼쳐져 있습니다. 무엇이 어려웠는지, 어디서 실수했는지를 하나하나 짚으며 정리하기 시작했습니다. 모르는 문제는 친구에게 묻고, 선생님께 질문하면서 스스로 이해하려 애썼습니다.
매일 조금씩 문제를 풀어나갔고, 다음 시험에서 90점을 받았습니다.

만약 생각보다 좋지 못한 시험 점수에 실망하여 그대로 책을 덮고 다시 펼쳐보지 않았다면, 수학에 대한 두려움으로 공부에 대한 흥미와 자신감을 잃고 아이는 점점 공부와 멀어지게 되었을지도 모릅니다. 그릿은 성적 향상을 넘어, 자기 주도적 학습 태도와 장기적 학습 전략 형성에 깊이 연결되어 있습니다. 위의 사례에서 아이는 단지 점수가 오른 것이 아닙니다. 문제를 해결해 내는 방법과 "나는 할 수 있어!"라는 자기 자신에 대한 믿음, 포기하지 않고 꾸준히 노력하는 마음의 근육을 함께 키워나간 것입니다.

한편, 학교에서 아이들이 마주하는 경험은 생각보다 복잡하고 다양합니다. 학업, 또래 관계, 여러 활동과 사회적 규칙을 익히며, 때로는 실수하기도 하지만 다시 적응해 나갑니다. 아이들은 이 과정에서 매일 새로운 스트레스와 갈등을 경험합니다. 그릿은 아이가 무너지지 않고 다시 일어설 수 있도록 도와주는 완충 역할을 하며, 학생들의 긴 배움의 여정을 지속하게 도와줍니다. 그릿이 높은 아이는 쉽게 무너지지 않고, 자신의 목표를 잃지 않으며, 끝까지 해내려는 자세를 유지합니다. 그릿의 힘은 학교를 넘어, 앞으로의 삶 전반에서도 빛을 발합니다.

직업에서의 성취와 전문성의 획득

두 번째 영역은 직업적 성취와 전문성입니다.

직장에서의 성취와 전문성 역시 하루아침에 만들어지지 않습니다. 경력이라고 말하려면 최소 3년은 근무하라는 말이 있습니다. 이 말은 단순히 숫자로 시간을 채우라는 뜻이 아닙니다. 처음 1~2년 동안은 새로운 환경에 적응하고, 일의 기본기를 익히는 시기입니다. 하지만 3년 차가 되어야 비로소 자신이 맡은 일을 깊이 이해하고, 결과를 만들어 낼 수 있는 경험과 노하우가 쌓입니다.

최근 MZ세대 직장인을 대상으로 한 연구에서 흥미로운 결과가 나왔습니다. 그릿이 높은 사람은 경력이나 직무 방향을 쉽게 바꾸지 않는다는 것입니다[3]. 이 연구 결과가 흥미로운 이유는, 우리가 MZ세대를 바라보는 시선과는 전혀 다른 모습을 보여주기 때문입니다.

흔히 MZ세대는 '자기만 안다.', '무언가 맞지 않으면 즉시 떠난다.', '끈기가 없다.', '쉽게 포기한다.'는 말이 종종 오갑니다. 하지만 모든 MZ세대가 다 그런 것은 아니라는 것이죠. 그릿이 높은 사람들은 그 세대가 가진 일반적인 특성과 무관하게 꾸준히 노력하고, 관계를 위해 노력하고, 능동적으로 해법을 찾으려 노력한다는 것입니다. 그리고 그 중심에 그릿이 자리하고 있다는 것입니다.

야근이 이어지던 어느 날 밤, 신입사원 서우는 사직서를 내고 싶은 생각이 듭니다. 기획안이 번번이 반려되고, 팀 분위기도 싸늘했습니다.
하지만 다음 날 아침 다시 책상 앞에 앉았습니다. 이 분야의 전문가가 되겠다는 자신의 목표를 이루고 싶었기 때문입니다.
몇 년이 지난 지금, 팀의 막내였던 그는 이제 팀을 이끄는 리더로 성장하였습니다.
그리고 그때를 떠올리며 말합니다.
"그 시간은 힘들었지만, 나를 키운 시간이었습니다."

몇 달 동안 준비한 프로젝트가 실패했을 때, 어떤 사람은 좌절하며 의욕을 잃고 맙니다. 하지만 어떤 사람은 무엇이 문제였는지 생각하며 그 상황을 객관적으로 마주 보고자 노력합니다. 자동차의 안전벨트가 사고의 충격을 줄여주는 것처럼, 그릿은 직장에서 느끼는 스트레스 상황에서 사람을 붙잡아 주는 심리적 안전벨트 역할을 합니다. 그릿이 높은 사람은 실패를 끝이 아니라 목표를 향해 나아가는 과정에서의 작은 수정 단계로 받아들입니다. 그래서 쉽게 무너지지 않고, 방향을 조금 바꿔서라도 끝까지 가려는 힘을 발휘합니다.

처음부터 잘하는 사람은 없습니다. 그릿이 강한 사람은 일시적인 실패나 좌절 앞에서도 쉽게 포기하지 않습니다. 그 경험을 성장의 기회로 해석하고, 스스로 방향을 조정해 다시 나아갑니다. 그래서 매 순간 흔들리기보다는 한 걸음씩 앞으로 나아갈 수 있는 동력을 만들어 냅니다. 그릿은 심리적 완충재로 작용하여 실패나 좌절을 겪은 뒤에도 감정에 휩쓸리지 않고 다시 시도하려는 힘을 높이고, 이직률을 낮추는 데에도 도움을 줍니다. 처음엔 미숙했던 사람이 꾸준히 학습

하고 경험을 쌓으며 전문성을 세워가는 과정 속에서 그릿은 계속 자라납니다.

여러 연구 결과에서 그릿은 직무 몰입, 조직 충성도, 낮은 번아웃(burnout), 높은 회복탄력성과 깊게 연결된 것으로 나타났습니다. 특히 자율성이 큰 환경에서 그릿은 외부의 직접적인 감시 없이도 스스로 목표를 유지하고 자기 조절을 가능하게 하는 핵심 요인으로 작용했습니다. 일하는 방식이 빠르게 변화하는 시대일수록 그릿이 가진 힘은 더 큰 가치를 발휘하게 되는 것입니다.

창의성과 삶의 만족감

세 번째 영역은 창의성과 삶의 만족감입니다.

요즘 시대는 정해진 답을 빠르게 찾아내는 능력보다, 나만의 방식으로 문제를 바라보고 새롭게 풀어내는 힘이 더 중요해졌습니다. 창의성은 '새로운 것을 생각해 내는 능력'이지만, 하늘에서 갑자기 떨어지는 번개 같은 영감이 아닙니다. 실제로 창의성은 흔히 타고난 재능으로 오해되지만, 그 밑바탕에는 끈질기게 탐색하고, 실패를 견디며, 끝까지 붙드는 태도가 자리합니다.

여러 연구에서도 그릿이 높은 사람일수록 창의적 문제 해결력, 창의적 자기효능감, 창의적 성과가 높게 나타났습니다. 창의성은 한 문제를 오래 바라보고, 다양한 각도로 실험하며, 포기하지 않는 과정 속에서 피어납니다.

고대 그리스의 수학자 아르키메데스는 왕으로부터
"왕관이 순금인지 손상시키지 않고 알아내라"는 명을 받았습니다.
며칠 동안 방법을 찾지 못한 그는 깊은 고민에 잠겼습니다.
고민을 잠시 내려놓고 욕조에 들어가던 순간,
욕조에서 물이 넘치는 모습을 보고 부피와 부력의 원리를 깨닫게 됩니다.
그는 "유레카(Eureka!)"를 외쳤습니다. "찾았다!" 하고 말이죠.

아르키메데스는 "유레카!"를 외치던 그 순간에 이르기까지, 오랜 시간 해답을 찾기 위해 깊이 고민했습니다. 그 분야의 전문가로서, 실패와 시행착오를 견디며 깊이 몰입해 왔기에 그 순간의 통찰이 가능했던 것입니다. 즉, 발견의 이면에는 길고도 끈질긴 노력의 과정이 있던 것입니다. 포기하지 않고 시도하며, 문제를 다양한 각도에서 탐색하는 힘이 바로 그릿이며, 창의성의 토양이 됩니다.

또한 그릿은 삶 전체의 만족감과 행복감을 높이는 데도 중요한 역할을 합니다. 어려운 상황이나 불리한 환경에서도 그릿이 강한 사람들은 삶의 목표를 명확히 설정하고, 그 목표를 이루기 위해 꾸준히 노력하는 특성을 보입니다. 이 과정에서 사람은 삶에 대한 의미를 새롭게 해석하고, 장기적인 목표를 추구하며 얻는 성취감과 만족감을 경험하게 됩니다. 또한 그릿은 스트레스 상황에서도 심리적 완충 작용을 하여 불안이나 좌절에 쉽게 흔들리지 않고 자기 삶의 방향을 지켜나가는 내면의 나침반이 되어줍니다.

그토록 오랜 고심 끝에 '유레카!'를 외쳤던 아르키메데스는 그 순간 어떤 감정을 느꼈을까요? 단지 문제를 풀었다는 기쁨이 아니라, 자신이 끝까지 붙잡고 있었던 무언가에 대한 보상, 스스로 만든 해답을 만났다는 깊은 충족감, 그리고 삶과 연결된 행복감을 느끼지 않았을까요? 창의성은 그릿이라는 토양에서 자라고, 그릿은 결국 우리를 자기 삶에 만족하며 살아가는 사람으로 이끕니다.

학업, 직업, 창의성과 삶의 만족감. 겉으로는 다른 영역 같지만, 그 안에는 같은 심리적 원리가 흐릅니다. 바로 끝까지 해보려는 마음, 다시 말해 그릿입니다. 그릿은 단순히 성적이나 성과를 높이는 기술이 아닙니다. 아이의 삶 전체를 지켜주는 내면의 힘입니다. 그릿이 높은 아이는 넘어져도 쉽게 무너지지 않고, 작은 성취를 디딤돌 삼아 다시 나아갑니다. 결국 그릿은 아이의 내일을 밝혀주는 등불이 됩니다.

그릿은 하루아침에 만들어지지 않습니다. 작은 도전을 이어가는 습관, 실패를 다시 시도로 연결하는 태도, 불리한 상황에서도 방향을 잃지 않는 마음. 이 모든 것이 모여 그릿을 키웁니다.

부모가 아이에게 줄 수 있는 가장 큰 선물은
넘어져도 다시 일어날 수 있다는 믿음을 주는 일.
아이가 자신의 속도로 배우고 자라가도록 지켜봐 주는 일.
그 순간들이 모여, 아이의 미래를 지탱하는 든든한 그릿이 됩니다.

그릿의 독특함

그릿이라는 개념은 아직은 다소 낯섭니다. "성실한 거랑 비슷한 거 아닌가요?"라는 질문을 자주 받습니다. 물론 비슷한 부분도 있습니다. 그렇지만 그릿은 그릿만의 독특한 의미가 담겨 있습니다. 그렇다면 그릿은 도대체 뭐가 다른 걸까요?

- **그릿 vs 성실성**

성실한 사람은 주어진 일을 꾸준히 잘 해냅니다. 하지만 그릿은 여기서 한 걸음 더 나아갑니다. 단순히 '해야 할 일'을 해내는 것을 넘어, 자신에게 의미 있는 목표를 스스로 세우고, 그 목표를 향해 오래도록 나아가는 힘이죠.

- **그릿 vs 조절 능력**

조절 능력은 당장의 욕구를 참는 힘입니다. 예를 들어, 오늘 놀고 싶은 마음을 참고 숙제를 끝내는 것처럼요. 그릿은 훨씬 더 긴 호흡을 가집니다. 단거리 달리기가 조절 능력이라면, 마라톤이 바로 그릿입니다.

• 그릿 vs 성취욕구

성취욕구는 잘하고 싶다는 마음입니다. 이 경우, 대부분 해낼 수 있는 과제를 골라 칭찬과 보상을 받는 데 집중합니다. 그릿은 '끝까지 해보고 싶다'는 마음입니다. 결과가 더디게 나타나도 도전적인 목표를 향해 나아갑니다.

• 그릿 vs 고집과 집착

그릿은 무작정 버티거나, 무조건 끝까지 하려는 고집이 아닙니다. 진짜 그릿은 자기 성찰과 방향성을 기반으로 한 지속적인 과정입니다. 오히려 지나친 집착은 목표의 본질을 흐리게 만들 수 있습니다.

유연함을 품은 그리티함

그릿은 목표를 추구하는 내적인 힘이지만, 그렇다고 모든 목표를 포기하지 않고 끝까지 고집스럽게 끝까지 붙잡아야 함을 의미하지는 않습니다. '그리티(Gritty)하다.'는 그릿이 높은 사람을 지칭할 때 쓰이는 표현입니다. 단순한 끈기를 넘어서 유연하게 목표를 추구하는 태도까지 포함하는 말입니다. 그리티한 사람은 자신이 추구하는 더 큰 목적(최상위 목표)을 위해, 필요하다면 하위목표는 유연하게 바꾸거나 과감히 포기할 줄 아는 힘도 포함합니다.

예를 들어, 가수가 꿈인 사람이 처음에는 "피아노를 배우면 노래할 때 도움이 될 거야."라는 생각으로 피아노 레슨을 시작했다고 해봅시다. 그런데 실제로 연습을 해보니 자신의 목표에 피아노보다 보컬 트레이닝이 더 중요하다는 것을 깨달을 수 있습니다. 이런 경우 피아노 연습을 억지로 계속 붙잡기보다, 보컬 연습에 집중하는 것이 '유연함을 품은 그리티함'에 가깝습니다.

이런 유연성은 유아기에도 마찬가지로 중요합니다. 유아의 '그리티함'은 오랫동안 한 방향만 고집하는 것이 아니라, 자신의 흥미와 호기심을 따라 새로운 놀이와 시도를 두려워하지 않고, 실패해도 다시 도전하는 유연한 끈기에서 빛을 발합니다.

예를 들어, 블록 탑이 여러 번 무너져도 새로운 방법을 궁리하며 계속 쌓아보거나, 마음에 들지 않는 그림을 지우고 다시 그려보는 것, 놀잇감을 바꿔 새로운 역할극에 도전해 보는 것. 이런 작은 도전과 실패, 그리고 재시도 속에서 유아만의 '그리티함'이 자연스럽게 자라납니다.

진짜 그릿이란, 끝까지 붙드는 고집이 아니라 꼭 필요한 때에는 방향을 바꿀 줄 아는 '유연한 성장의 힘'이기도 합니다. 이러한 힘이야말로 성인에게도, 유아에게도 오래도록 의미 있는 목표를 향해 나아가는 진짜 '그리티함'의 본질입니다.

그릿을 세상에 알린 안젤라 더크워스(Angela Duckworth)

안젤라 더크워스[4)]

안젤라 더크워스는 '그릿(Grit)'이라는 개념을 전 세계에 널리 알린 심리학자입니다. 현재 미국 펜실베이니아대학교 심리학과 교수이자, 아동과 청소년이 잠재력을 발휘하도록 돕는 비영리 연구기관 캐릭터 랩(Character Lab)의 공동 창립자이자 CEO로 활동하고 있습니다.

그녀는 하버드대학교에서 신경생물학을 전공한 뒤, 옥스퍼드대학교에서 신경과학 석사 학위를 받았으며, 펜실베이니아대학교에서 심리학 박사 학위를 취득했습니다. 더크워스는 연구자가 되기 전 미국의 공립학교에서 교사로 재직하였습니다. 그 과정에서 '아이들의 성공을 결정짓는 진짜 힘은 무엇일까?'라는 질문을 가지게 되었고, 이후 다양한 분야에서 성공한 사람들을 연구하기 시작했습니다. 답을 찾기 위해 다양한 분야에서 성공한 사람들을 연구한 결과, 공통적으로 드러난 특성이 바로 '그릿'이었습니다.

더크워스는 세계은행, NBA와 NFL 팀, 포춘 500대 기업 CEO 등에게 강연과 자문을 제공하며, 과학적 통찰을 다양한 현장에 적용해 오고 있습니다. 2013년에는 '맥아더 펠로(MacArthur Fellow)'로 선정되어 '미국에서 가장 창의적인 인물'이라는 명예를 얻었습니다. 그녀의 TED 강연은 전 세계에서 가장 많이 시청된 강연 중 하나이며, 저서 『그릿(GRIT)』은 뉴욕타임스 베스트셀러 1위에 선정되기도 하였습니다.

그릿(Grit) TED 강연 보기[5]

그릿을 가진 사람들의 이야기

절망 속에서도 펜을 놓지 않았던 조앤 롤링

조앤 롤링은 전 세계적인 베스트셀러 해리 포터 시리즈의 작가입니다. 하지만 처음부터 성공했던 것은 아니었습니다. 그녀는 이혼이라는 큰 시련과 경제적 어려움 속에서도, 자녀를 돌보는 틈틈이 에든버러의 작은 카페에서 커피 한 잔으로 자리를 지키며 이야기를 써내려 갔습니다. 그러나 그 이야기는 아동용 도서로서는 내용이 너무 길고 어두워 적합하지 않다며 12곳의 출판사에서 거절당했습니다. 그렇지만 그녀는 포기하지 않았고, 출간된 이후 그녀의 이야기는 전 세계적인 신화를 만들어 냈습니다. 그 이야기가 바로 해리 포터입니다.

그녀는 한 인터뷰에서 "나는 인생의 바닥을 경험했고, 그것이 나에게 자유를 주었어요. 실패는 불필요한 것들을 털어내고, 진짜로 중요한 것에 집중하게 해줍니다."라고 말했습니다. 절망 속에서도 펜을 놓지 않고 꿈을 향해 나아간 조앤 롤링의 모습에서 우리는 그녀가 가진 그릿을 볼 수 있습니다.

조앤 롤링과 그녀가 해리 포터를 집필했던 카페[6)]

꿈을 포기하지 않은 플레이브

가수 플레이브의 다섯 멤버들은 플레이브르 데뷔하기 이전부터 보컬, 랩, 댄스, 프로듀싱 등 음악과 관련된 여러 분야에서 활동해 왔습니다. 하지만 그들은 오디션에서 탈락하거나, 소속 그룹이 해체되는 등 아픔을 겪으며 오랜 무명의 시간을 보냈습니다.

그렇지만 멤버들은 가수라는 꿈을 포기하지 않고 자신들의 색깔을 담아 'Play'와 'Rêve(꿈)'를 합친 플레이브(PLAVE)라는 이름의 버츄얼 그룹으로 뭉치게 되었습니다. 멤버들은 직접 플레이브 노래의 작사, 작곡, 프로듀싱, 안무까지 음반 제작과 무대 활동에 필요한 모든 작업을 해내며 자신들만의 색을 담고 있습니다. 그들이 오랜 시간 무대 뒤에서 갈고닦은 경험은 빛을 발하여, 데뷔 이후 각종 음원 차트 상위권에 오르며 이름을 알리는 한편, 세계적으로 팬덤을 형성하며 가상 아이돌의 한계를 넘어선 그룹으로 평가받고 있습니다.

사람들에게 아직 빛날 준비가 되지 않은 재능이라는 말로 외면당하기도 했던 플레이브 멤버들. 끝없이 이어질 것만 같던 어두운 터널

속에서 꿈을 향해 포기하지 않고 끊임없이 노력한 이들의 모습에서 우리는 그릿의 모습을 찾을 수 있습니다.

빌보드 아티스트로 선정된 플레이브.
왼쪽부터 유하민, 도은호, 한노아, 밤비, 남예준[7)]

얼음 위에 그린 차준환 선수의 꿈의 궤적

차준환은 김연아 선수를 통해 '나도 무대 위에서 날아보고 싶다.'는 꿈을 가지고 7살에 피겨스케이팅을 시작했습니다. 하루에도 몇 시간씩 빙상장에서 넘어지고 일어나기를 반복하며 기술을 연습했습니다. 하지만 그의 성장 과정은 순탄치 않았죠. 2018년 평창 동계올림픽 이후, 부상과 컨디션 저하로 인해 슬럼프를 겪었습니다. 얼음 위에 서 있는 것이 무서울 정도로 불안했던 시기, 자신을 믿고 꾸준히 노력하면 다시 좋은 결과를 얻을 수 있다는 신념을 가지고 마음을 다잡으며 재활과 훈련을 병행하였습니다. 이러한 과정을 통해 그는 더욱 단단해질 수 있었습니다. 2022년 베이징 동계올림픽 5위, 2023년 세계

선수권대회 은메달에 이어 2025년 하얼빈 동계아시안게임에서 한국 남자 피겨 선수로는 최초로 금메달을 획득하는 쾌거를 이루어냈습니다.

긴 시간 동안 반복된 훈련 속에서 발견한 작은 성취의 기쁨, 슬럼프와 부상 속에서도 포기하지 않았던 끈기, 자신을 믿고 다시 일어선 도전 정신이 그를 정상의 무대로 올려놓은 것입니다. 지금도 여전히 차준환 선수는 얼음판 위에서 새로운 기술과 프로그램을 연마하며 끊임없이 도전하고 있습니다.

2025 하얼빈 동계아시안게임에서 한국 남자 피겨스케이팅 사상 첫 아시안게임 금메달을 따낸 차준환[8)]

각기 다른 무대에서
자신만의 길을 만들어 간 이들의 이야기는
재능보다 더 중요한 것이 무엇인지
우리에게 보여줍니다.

자신의 목표를 향해 나아가는 힘,
자신을 믿고 포기하지 않는 마음,
넘어져도 다시 일어서는 힘
이러한 공통점을
찾아볼 수 있습니다.

그릿은 단지 하나의 기술이 아닌,
아이가 세상을 대하는 태도이며
삶의 방향을 결정짓는 성향으로
꾸준히 길러가야 할 태도입니다.

제2장

유아 그릿에 주목해야 하는 이유

우리는 흔히 아이들이 아직 어려서 그릿이 없을 것이라고 생각합니다. 하지만 아이들의 그릿은 이미 자라나고 있습니다. 눈앞의 놀이 속에서도 호기심을 따라 도전하고, 다시 시도하는 힘이 조금씩 싹트고 있습니다.

발달학상 일반적으로 0~2세는 영아기, 3~5세는 유아기로 구분합니다. 영아기가 부모와의 애착이 형성되고, 조금씩 주변 세상을 탐색해 보는 시기였다면, 유아기에는 스스로 하려는 의지가 강해지고, 감정과 행동을 표현하고 조절하는 능력이 본격적으로 자라납니다. 아이는 놀이와 생활 속에서 목표를 세우고, 실패 속에서 다시 시도하며, 도전을 통해 세상을 향해 한 걸음 한 걸음 앞으로 나가는 용기를 배워 나갑니다. 바로 유아기 시기에 그릿의 씨앗이 뿌리내리기 시작하게 됩니다.

교육의 결정적 시기, 유아기

오늘날 유아교육의 중요성은 교육학, 심리학, 뇌과학 등 다양한 분야에서 널리 강조되고 있습니다. 이 외에도 유아교육에 많은 관심을 기울이고 있는 분야가 있습니다. 바로 경제학입니다.

경제학과 유아교육. 이 두 학문은 서로 별다른 관련이 없고 멀게만 느껴집니다. 그런데 경제학에서 유아교육에 관심을 가지는 이유는 무엇일까요? 그것은 사람의 능력이 국가 경제 성장의 핵심 자산이며, 그 가운데서도 유아기 교육은 개인의 미래뿐 아니라 사회 전체의 발전에 가장 큰 영향을 미치기 때문입니다. 실제로 OECD에서는 유아기에 대한 공공투자가 국가의 미래를 좌우한다는 내용의 보고서를 정기적으로 발표하며, 유아교육에 대한 각국의 적극적인 투자를 권고하고 있습니다.

경제학과 국제기구가 유아기 교육을 중시하게 된 결정적인 계기는 2006년 OECD에서 발간한 한 보고서(Starting Strong II)로 거슬러 올라갑니다. 이 보고서에는 노벨경제학상 수상자이자 오늘날 세계적으로 영향력 있는 경제학자인 제임스 헤크먼(James Heckman) 교수가 제시한 인적 자본 투자 수익률 곡선, 일명 헤크먼 그래프가 인용되어 있습니다.

헤크먼 그래프는 유아기에서 성인기에 이르기까지 생애 주기별(유아기 – 학령기 – 성인기)로 동일한 교육 투자 비용이 들어갔을 때, 각 시기별로 어떤 수익률을 나타내는지를 직관적으로 보여줍니다. 그래프의 가운데를 지나는 직선은 동일한 투자 비용을, 세로축(Y축)은 투자 효과를, 가로축(X축)은 연령대를 나타냅니다. 그래프를 살펴보면 가장 왼쪽에 위치한 학령기 이전 유아기의 수익률이 압도적으로 높으며, 연령이 높아질수록 그 효과가 급격히 줄어드는 것을 확인할 수 있습니다. 이처럼 헤크먼 그래프는 교육에서 가장 큰 효과를 얻을 수 있는 결정적 시기가 바로 유아기임을 보여줍니다.

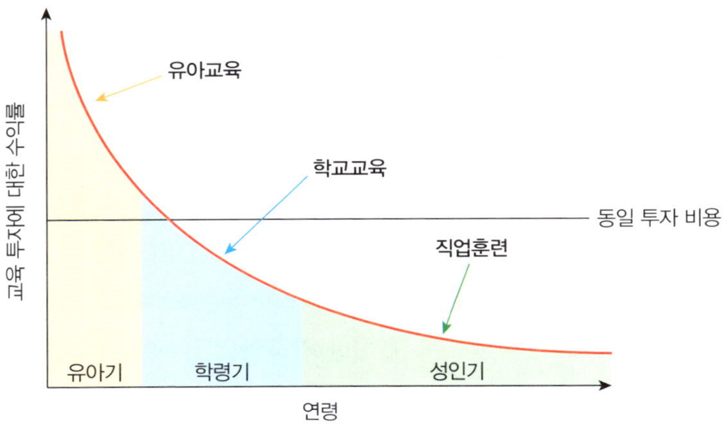

인적 자본 투자 수익률 곡선[9)]

제임스 헤크먼[10)]

헤크먼은 사회적 불평등이 어디에서 시작되고, 그것을 바꿀 수 있는 시기가 언제인지를 밝히고자 했습니다. 이를 위해 그는 사람들이 어릴 때 어떤 환경에서 자라고 어떤 경험을 했는지, 그리고 그것이 성인이 된 뒤 삶에 어떤 영향을 미치는지를 오랫동안 추적했습니다.

그 결과, 한 사람의 평생 소득 중 절반은 성인이 되기 전에 이미 결정되며, 그 격차는 유아기부터 벌어지기 시작한다는 사실을 밝혔습니다. 따라서 유아교육에 대한 사회적 개입은 불평등을 줄이고 사회 전체의 생산성을 높이는 가장 효과적인 방법임을 강조했습니다.

이러한 연구는 세계 각국의 교육 정책에도 큰 변화를 불러왔습니다. 초등학교 이후 교육에 집중되던 정책의 무게 중심이 점차 유아기 조기 개입으로 옮겨가기 시작한 것입니다. 우리나라 역시 예외가 아니었습니다. 2011년 한국을 찾은 헤크먼은 유아교육 정책에 중요한 시사점을 던졌고, 이후 무상보육 확대와 보편적 유아교육 정책 시행에도 직접적인 영향을 주었습니다.

비인지능력의 중요성

헤크먼은 유아기 교육의 중요성과 함께 비인지능력의 가치를 강조하였습니다. 사람의 능력은 크게 두 가지로 나눌 수 있습니다. 하나는 인지능력으로 IQ나 기억력처럼 지식과 학습에 관한 힘입니다. 다른 하나는 비인지능력으로 성격이나 대인관계처럼 사람이 세상과 자신을 대하는 태도를 말합니다. 비인지능력은 삶을 바라보는 관점과, 어떻게 살아갈 것인가에 대한 방향을 결정짓는 마음의 힘입니다.

페리 유치원 프로젝트와 비인지능력의 중요성

1960년대, 심리학자 데이비드 웨이크의 동료들은 '취약 계층의 아이들이 양질의 교육을 받는다면 삶에 어떤 변화가 일어날까?'라는 질문을 바탕으로 페리 유치원 프로젝트 연구를 시작하였습니다.

연구는 미국 미시간주 남동부의 소도시 입실란티에서 진행되었습니다. 당시 이 지역은 공장 노동자와 사회경제적 취약 계층 가정이 밀집된 지역으로 범죄, 빈곤, 가정해체 문제가 집중된 곳이었습니다. 연구진은 이곳의 3~4세 유아 123명을 두 집단으로 나눈 다음, 한 집단은 2년간 양질의 유치원 교육과 가정방문 지도를 제공했고, 다른 집단은 기존의 생활을 이어가도록 했습니다.

당시 프로젝트에 참여한 아이들의 활동 모습[11)]

이후 40년 이상 이 아이들의 삶을 추적하며 장기적인 변화를 관찰하였는데, 그 결과는 놀라웠습니다. 교육을 받았던 아이들은 그렇지 않은 또래보다 고등학교 졸업률, 대학 진학률, 학업 성취, 직업 안정성, 자산 형성, 결혼 유지율 등이 훨씬 높았으며, 범죄율은 현저히 낮았습니다. 페리 유치원 프로젝트는 유아기 교육이 개인과 사회에 미치는 영향을 유아기부터 성인이 될 때까지 오랜 기간 같은 아이들을 추적 조사한 종단연구 사례로, 오늘날에도 다양한 연구에서 인용되며 교육 정책과 현장에 큰 시사점을 던져주고 있습니다.

2006년, 헤크먼은 페리 유치원 프로젝트 데이터를 다시 분석하여 흥미로운 사실을 발견했습니다. 프로그램에 참여한 아이들의 IQ는 일시적으로 올랐지만, 시간이 지나면서 효과는 줄어든 반면, 비인지 능력은 아이들이 성인이 된 후에도 성공적인 삶을 예측하는 강력한 요인으로 남았다는 것입니다[12]. 이러한 연구 결과를 토대로 '지능이나 시험 점수만으로는 한 사람의 삶을 온전히 설명할 수 없으며, 개인의 삶과 사회를 변화시키는 진정한 힘은 비인지능력에 있다.'고 헤크먼은 강조합니다.

헤크먼의 연구는 이후 국제사회의 흐름과도 맞닿았습니다. OECD와 세계경제포럼을 비롯한 국제기구와 각국 정부는 문제해결력, 협업, 자기 주도성, 회복탄력성과 같은 비인지능력을 21세기의 핵심 역량으로 제시하기 시작했습니다.

또한 그릿은 지난 15년간 비인지능력 가운데 가장 활발히 연구된 개념으로, 개인의 성취와 웰빙을 예측하는 핵심 요인으로 손꼽히고 있습니다. 이처럼 오늘날 그릿은 단순한 성격 특성을 넘어, 빠르게 변화하는 사회와 미래 교육에서 반드시 길러야 할 핵심 성장 역량으로 교육계, 정책, 연구 현장에서 주목받고 있습니다.

이와 같은 비인지능력의 중요성에도 불구하고 오늘날 교육이 여전히 시험 점수와 지능에 치우쳐 있음을 헤크먼은 지적하고 있습니다. 그렇다면 진정한 교육의 목표는 무엇일까요? 단순히 시험을 잘 보는 아이를 만드는 것이 아닙니다. 아이가 넘어져도 다시 일어서는 힘, 어려움 앞에서도 포기하지 않는 태도, 즉 내면의 힘을 길러주는 것이야말로 교육의 본질입니다. 바로 이것이 지금, 그리고 앞으로 우리 아이들에게 '그릿'이 꼭 필요한 이유입니다.

유아기부터 형성되는 그릿

"아직 우리 아이는 어려서 그릿이 없지 않을까요?" 많은 부모가 이렇게 생각합니다. 그릿은 성인이나 청소년기에 필요한 능력이라고 여기기도 하지요. 하지만 사실 그릿은 어른들만의 성공 전략이 아닙니다.

아이의 이런 모습을 본 적이 있나요?
퍼즐 조각이 잘 맞지 않아 입이 삐죽 나오는 모습,
쌓던 블록이 무너져 울먹이는 모습,
신발을 신기 위해 혹은 신발끈을 묶기 위해 애쓰는 모습.

아이들의 하루는 그릿을 키우는 순간들로 가득합니다. 블록을 쌓다 무너져서 입술이 삐죽 나와도 다시 조심스레 쌓아보는 모습, 힘들지만 줄넘기 10번 넘기라는 자신의 목표를 이루기 위해 다시 시도하는 모습, 친구와 놀이 중 다툼이 생겼지만 이야기를 나누며 놀이를 이어가는 모습. 일상적인 순간들이 반복되고 경험들이 쌓이며, 그릿의 싹은 유아기부터 형성되고 자라나기 시작합니다.

아이들이 자라 3세경이 되면 이제 자신의 감정이 무엇인지 알고 표현하기 시작합니다[13]. 처음엔 그저 울고 떼쓰던 아이가 점점 '속상해.', '기분 나빠.' 같은 표현을 하며 감정을 조절하는 능력을 습득하는 것입니다. 5세 정도가 되면 이제 아이는 자신이 할 수 있는 일을 스스로 찾아 나서기 시작합니다[14]. 스위스 연구팀은 3~6세 429명을 대상으로 과제를 수행하는 모습을 관찰하여 아이들의 그릿 수준을 측정한 결과 아이들의 그릿 점수가 나이에 따라 증가한다는 사실을 확인하였습니다[15]. 이는 3~6세 유아기부터 아이들의 그릿이 발달하기 시작한다는 사실을 보여줍니다. 즉, 유아의 그릿은 단순히 '없다' 혹은 '있다'로 판단할 수 있는 능력이 아니라, 발달 중인 힘으로서 성인과 환경의 지원을 통해 유아기부터 크게 자란다는 뜻입니다. 따라서 이제 우리는 "유아에게도 그릿이 존재할까?"라는 질문이 아니라, "어떻게 유아의 그릿을 자라나게 도와줄 수 있을까?"로 질문을 바꾸어야 하는 것입니다.

유아기는 단순히 귀엽고 어리기만 한 나이가 아니라, 그릿이 처음으로 모습을 드러내고 조금씩 자라나기 시작하는 시기로, 전 생애 발달적 측면에서 매우 중요한 시기입니다. 그릿은 우리가 삶을 대하는 태도로서, 작은 도전과 성장을 반복하며 조금씩 길러지는 힘입니다.

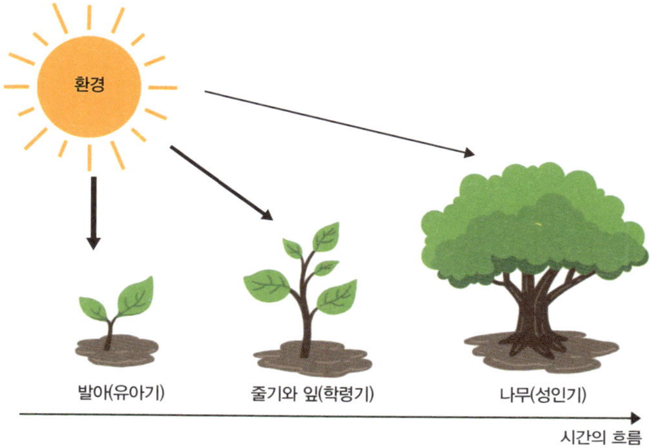

유아기에서 성인기로 이어지는 그릿의 전 생애 주기적 성장 흐름

아이가 어려움에 부딪히고 감정을 드러내는 순간들은 바로 그릿을 키우는 중요한 때입니다. 아이는 작은 실패와 좌절을 경험하며, 다시 시도할 용기를 조금씩 키워갑니다. 스스로 도전하고 싶은 마음, 포기하지 않는 태도, 끝까지 해내고 싶은 열망이 이 시기에 함께 자라납니다. 이런 경험을 반복할수록, 아이는 자기 일에 책임을 지고 끝까지 해보려는 태도를 배우게 됩니다. 이 힘이 유아기에 충분히 자라고 뿌리내린다면, 초등학교 때는 조금 더 분명한 목표 설정으로, 청소년기에는 진로 설정으로, 성인이 되어서는 장기적인 삶의 가치 실천으로 확장될 수 있습니다.

유아는 놀이와 일상 속에서 새로운 관심을 발견하고, 목표를 만들고, 때로는 방향을 바꾸는 과정을 거칩니다. 이 안에서 아이는 '나는 이런 걸 좋아하는 사람이구나.', '나는 다시 도전할 수 있는 사람이야.'라는 자기 신뢰를 키워갑니다. 반대로, 어른이 결과와 성취만을 강조하면, 아이는 호기심과 탐색 본능을 잃고, 작은 실패에도 크게 위축되어 그릿이 건강하게 자라지 못합니다. 유아기에 그릿이 충분히 자라면, 훗날 아이는 더 긴 호흡의 목표와 과제에도 도전할 수 있는 바탕을 갖게 됩니다. 그래서 이 시기에는 결과보다, 실수 속에서도 '나는 할 수 있어.'라는 자신감을 키워주는 것이 핵심입니다.

논어에는 '그림을 그리는 일은 먼저 흰 바탕을 마련한 뒤에 한다(繪事後素, 회사후소)'라는 말이 있습니다. 유아의 그릿도 이와 같습니다. 삶이라는 큰 그림을 그리기 전에, 마음의 바탕을 차근차근 다져가는 과정이 먼저인 것이죠.

그릿 성장의 여정

유아기 자아개념, 그릿의 씨앗이 됩니다

유아교사의 전문성과 그릿의 관계를 연구하면서, 그릿이 인간 발달을 이끄는 내면의 힘이자 성장의 핵심 기제라는 점에 주목하게 되었습니다. 이는 '그릿은 언제부터, 그리고 어떻게 형성되고 자라기 시작하는 것일까?'라는 물음으로 이어졌습니다.

이 질문의 답을 찾기 위해, 한국아동패널(PSKC) 데이터를 바탕으로 '유아기 자아개념, 학령기 아동의 그릿과 학업수행능력 간 종단연구'를 수행했습니다[16]. 한국아동패널은 2008년에 태어난 아동 2,150명과 그 가족을 성인이 되는 해인 2027년까지 매년 추적 조사하는 신뢰할 수 있는 국가 수준의 데이터입니다.

연구 결과, 유아기에 자신을 '괜찮은 사람', '나는 할 수 있어'라고 인식한 아동일수록 초등학교 시기 그릿 수준이 더 높았으며, 그릿은 다시 학습 태도와 학업 성취에도 긍정적인 영향을 주었습니다. 즉, '나는 할 수 있다'는 자신에 대한 믿음이 도전과 끈기의 원동력이 되며, 스스로를 유능하고 가치 있는 존재로 느낄수록 포기하지 않고 끝까지 노력하는 힘이 커진다는 것입니다.

이 연구는 그릿이 유아기 자아 속에서 싹트기 시작한다는 점을 보여줍니다. 그리고 이 점이, 이후 '유아 그릿 척도(KP-Grit)' 개발의 출발점이 되었습니다.

성인과 다른 유아 그릿의 목표

성인의 목표 구조 : 위계적 피라미드

그릿은 보통 장기 목표를 세우고 끝까지 포기하지 않는 힘으로 설명됩니다. 우리가 일반적으로 떠올리는 목표란 "변호사가 되겠다.", "올림픽에서 메달을 따겠다."처럼 인생의 최종 지점을 겨냥하는 경우가 많습니다.

성인의 목표 구조는 계단을 오르듯 차곡차곡 쌓여가는 모습입니다. 최상위 목표가 맨 꼭대기에 있고, 그 아래 중간 목표와 세부 목표들이 단계적으로 자리합니다. 예를 들어, 가수가 되려는 사람은 가창력과 춤 실력을 키워야 하고, 이를 위해 꾸준히 노래 연습을 해야 합니다. 이런 구조는 마치 피라미드처럼 위계적으로 조직된 형태라 할 수 있습니다.

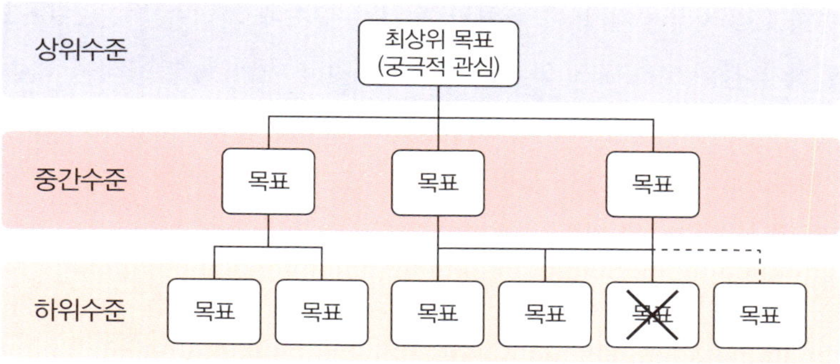

성인의 목표 : 꼭대기를 향해 차곡차곡 쌓아가는 위계적 구조

유아의 목표 구조 : 유기적 흐름

우리는 종종 성인의 눈으로 아이의 행동을 해석하지만, 아이들은 '지금 이 순간, 바로 여기(here and now)'에 집중합니다. 하고 싶은 일이 생기면 곧바로 움직이고, 감정이 일면 즉시 표정과 행동으로 드러냅니다. 아이들의 초점은 내일보다는 오늘, 머나먼 미래보다는 눈앞의 호기심에 있습니다.

그렇다면 아이들에게 목표란 무엇일까요? '어린아이가 무슨 목표가 있겠어?'라고 생각하기 쉽지만, 유아 역시 분명 목표를 가지고 있습니다. 다만, 그 형태는 성인과 다릅니다. 아이에게 목표는 정해진 도착점이 아니라, 일상 가운데 궁금하고, 스스로 해보고 싶은 마음이 만들어 내는 과정 중심의 활동입니다.

오늘의 호기심에서 시작되는 놀이 한 조각, 지금 재미있는 활동, 스스로 해보고 싶은 작은 시도들이 곧 목표가 됩니다. 유아의 목표 구조는 성인처럼 위계적이지 않습니다. 식물의 뿌리줄기처럼 여러 방향으로 자유롭게 뻗어 나가는 유기적 구조에 가깝습니다. 프랑스 철학자 들뢰즈(Deleuze)와 가타리(Guattari)는 이런 성장 방식을 리좀(Rhizome)이라 불렀습니다. 리좀은 고정된 한 방향으로만 뻗어가는 것이 아니라, 땅속에서 사방으로 자유롭게 뻗어 나가는 뿌리줄기처럼 중심 없이 여러 방향으로 연결되고 스스로 확장해 가는 생명의 흐름을 뜻합니다.

아이의 배움도 이와 닮아 있습니다. 놀이와 탐색이 이어지고 연결되면서, 아이는 좋아하는 것과 잘할 수 있는 것을 발견하고, 세상이 어떻게 움직이는지 조금씩 이해하기 시작합니다. 이 과정에서 아이는 자신만의 내적 동기를 만들어 갑니다. 그 동기가 곧 배움의 토대가 되고, 실패해도 다시 시도하게 하는 힘이 됩니다. 바로 여기서 '그릿'의 씨앗이 자라기 시작하는 것입니다.

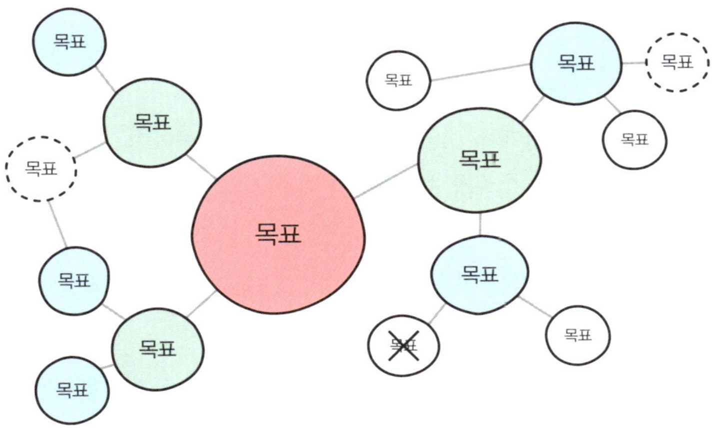

유아의 목표 : 자유롭게 뻗어나가는 유기적 흐름 구조

다섯 살 서현이는 "나는 10살에 레이서가 될 거야!"라고 말합니다. 어른의 눈엔 이 목표는 현실성이 없어 보입니다. 아이에게 "10살은 레이서가 될 수 없어!", "그 꿈을 이루려면 앞으로 15년은 노력해야 해!" 같은 말을 건네실 건가요?

여기에서 아이가 말하는 레이서는 단순히 직업의 명칭이 아니라, 속도감, 조작의 즐거움, 움직임의 짜릿함에 대한 호기심과 흥미에서 비롯된 것일 수 있습니다.

이럴 때 우리는 아이의 이러한 관심이 다양한 경험으로 이어질 수 있도록 지원해 줄 수 있을 것입니다. 자동차 모형을 가지고 바퀴의 크기나 모양에 따른 움직임 관찰, 기울기에 따른 자동차의 속도 변화, 도로 면의 재질에 따른 속도 변화 등 다양한 놀이 활동과 탐색을 해볼 수 있습니다. 혹은 모형 자동차를 조립해 보거나, 전동차를 조작해 보는 활동, 자동차를 타고 가족과 함께 여행을 해볼 수도 있을 것입니다.

자동차를 굴려보거나 조립하는 과정에서 때로는 자신이 생각했던 것처럼 놀이가 진행되지 않을 때도 있고, 생각하지 못했던 방향으로 놀이가 흘러가기도 합니다. 이렇게 아이는 실패하고 다시 시도하며 새로운 의미를 발견합니다. 이런 경험 하나하나가 모여 자연스럽게 다음 도전과 탐색으로 유기적으로 이어지는 흐름을 만들어 갑니다.

유아의 목표는 이처럼 "레이서가 되겠어!"라는 단 하나의 정해진 목표점을 향해 곧장 달려가는 것이 아니라, 놀이와 탐색 속에서 가지를 뻗듯 여러 갈래로 확장되고 연결되는 과정입니다. 그러면서 아이는 세상에 대해 조금씩 알아가고, 내가 무엇을 좋아하는지도 발견합니다.

물론 원하는 대로 잘 되지 않아 속상해할 때도 있습니다. 하지만 다시 일어나 시도하는 순간, 아이 마음속에는 '나도 할 수 있구나.' 하는 용기와 스스로 해냈다는 뿌듯함이 차곡차곡 쌓입니다. 작은 성취의 기쁨이 반복될수록 아이는 도전의 재미를 배우고, 그 경험이 또 다른 도전으로 이어집니다. 이렇게 아이는 놀이와 도전, 실패와 극복을 오가며 자신만의 그릇을 조금씩 키워가고 있는 것입니다. 이 과정에서 부모나 교사가 아이의 시도를 존중해 주면, 아이의 도전은 더욱 풍성하고 깊어집니다.

'놀이, 나를 알아가는 시간이에요.'[17)]

제3장

유아 그릿의 세 가지 핵심 요소

우리가 어떤 개념을 제대로 이해하려면, 그 안을 이루는 뼈대를 먼저 살펴볼 필요가 있습니다. 한 그루 나무를 떠올려 보세요. 겉으로는 하나의 나무처럼 보이지만, 사실은 뿌리와 줄기, 가지와 잎이 서로 연결되어 있지요. 나무는 어느 한 부분만으로는 자랄 수 없고, 모두가 함께 있어야 푸르게 자라납니다.

유아의 그릿도 이와 같습니다. 겉으로는 하나의 힘처럼 보이지만, 그 안에는 '호기심과 열정', '도전과 노력', '조절과 적응'이라는 세 가지 핵심 요소가 있습니다. 이 세 가지가 균형 있게 자라날 때, 아이의 그릿은 쉽게 흔들리지 않고 단단하게 뿌리내릴 수 있습니다.

이번 장에서는 이 세 가지 요소가 각각 어떤 모습으로 자라나는지, 그리고 서로 어떻게 이어져 아이의 그릿이 자라나는지 하나씩 살펴보겠습니다.

호기심과 열정

유아 그릿의 첫 번째 핵심 요소는 호기심과 열정입니다. 이는 아이가 세상에 궁금증을 가지고 질문하며 탐색하고, 그 호기심을 바탕으로 반복과 몰입을 거쳐 좋아하는 활동에 빠져드는 힘을 의미합니다.

낯선 지구 별에 떨어진 유능한 탐험가

아이의 시선에서 태어나 처음 세상을 마주하는 순간을 상상해 볼까요?

자궁 속에서 열 달 동안 유영하며 지내던 아기는, 어느 날 갑자기 낯선 세상으로 나오게 됩니다. 처음 마주한 세상은 모든 것이 신기하고 새롭습니다. 아이들은 마치 유능한 탐험가처럼 본능적으로 세상을 탐색합니다.

처음에는 모든 것을 입으로 가져가 빨고, 물어 보며 탐색하다, 점차 몸을 가눌 수 있게 되며 보다 적극적으로 오감을 통해 세상을 알아갑니다. 영아기(0~2세)에는 신체와 감각을 통해 다양한 방식으로 사물을 조작하고 다루기 시작하게 되고, 유아기(3세 이후)에는 인지적 사고 능력이 발달하면서 '이건 왜 이럴까?', '이렇게 하면 어떻게 될까?' 하고 질문을 던지며, 보다 능동적으로 세상을 탐색하기 시작합니다.

호기심이 열정으로 자라는 순간

등원 길에 아이가 묻습니다.
아이 : 엄마, 저 구름은 날씬한데 이 구름은 왜 뚱뚱해요?
부모 : 뚱뚱한 구름은 비를 품고 있어서 그래.
잠시 구름을 바라보던 아이가 다시 말합니 다.
아이 : 비요? 구름이 슬픈 거예요?

부모 입장에서는 다소 엉뚱하게 들릴 수 있는 질문입니다. 이런 질문에 어떻게 반응해 주시나요? '참 엉뚱하네! 어떻게 그런 생각을 했을까?' 기특하기도 하고, 가볍게 웃어 넘기기도 하며, 때로는 "빨리 와! 그러다 유치원 버스 놓치겠다."라며 서둘러 아이의 주의를 돌리려 하기도 합니다.

하지만 아이는 이런 질문을 통해 세상과 연결되고 있습니다. 하늘의 구름 한 조각, 바람에 흔들리는 나뭇잎, 작은 개미 한 마리도 아이에게는 탐험의 대상입니다.

그날 오후 비가 내리자, 아이는 "정말 구름이 슬펐나 봐. 비가 와요."라고 말합니다.
그리고 며칠 동안 매일 구름의 모양과 색을 관찰하며 구름의 표정을 그림으로 그려봅니다.
"오늘은 구름이 속상한 것 같아요. 우산을 챙겨야겠어요." 또 어떤 날은 "오늘은 구름이 웃고 있어. 즐거운 일이 있었나 봐." 하고 말합니다.

이처럼 아이는 구름의 모양과 색을 관찰하고, 그림을 그리고 색을 칠하는 놀이를 계속해 나가는 과정에서 상상하며, 구름을 통해 날씨와 계절의 연결성을 자연스럽게 경험해 나갑니다. '구름이 슬퍼하면 하늘에서 비가 내리고, 구름이 환하게 웃으면 날이 좋아.' 이처럼 아이는 스스로 가설을 세워보며, 경험 속에서 생각이 커지고 자라나는 기쁨을 배워갑니다.

반복 속에서 싹트는 몰입

아이들은 좋아하는 것을 반복하며 자연스럽게 몰입을 경험합니다. 단순한 흥미가 조금씩 쌓이고 이어지면서, 호기심은 일시적인 관심을 넘어 지속적인 열정으로 자라납니다. 이 과정에서 아이는 자신이 좋아하는 활동에 깊이 빠져들고, 집중하며, 자기만의 속도로 이해를 넓혀 갑니다.

몰입은 특별한 도구나 특별한 활동에서만 생기는 것이 아닙니다. 일상 속 작은 호기심이 이어지고 확장될 때 자연스럽게 찾아옵니다. 아이가 블록을 쌓거나 그림을 그리며 집중할 때 우리는 몰입의 순간을 볼 수 있습니다. 바로 그 시간, 그 순간 아이의 그릿이 싹트고 있는 것입니다.

아이의 질문에서 호기심이 피어납니다. 부모가 아이의 질문을 흘려버리거나 무시한다면, 호기심의 불씨는 쉽게 꺼질 수 있습니다. 중요한 것은 아이가 자기 속도로 탐색할 수 있도록 적절한 속도와 거리를 유지할 수 있도록 지원해 주는 것입니다. 너무 쉬우면 금세 흥미를 잃고, 너무 어렵거나 낯설면 포기할 수 있기 때문이지요. 따라서 아이가 구름에 관심을 보인다고 해서 곧바로 과학 실험 세트를 사주거나, 박물관에 데려가 긴 설명을 늘어놓을 필요는 없습니다. 그저 날씨나 구름과 관련된 그림책을 눈에 잘 보이는 자리에 두고, 그림책을 읽어주는 것만으로도 충분합니다. 부모가 아이의 말에 귀 기울이고 생각을 존중해 줄 때, 아이의 호기심은 자연스럽게 열정으로 이어집니다.

도전과 노력

유아 그릿의 두 번째 핵심 요소는 도전과 노력입니다. 이는 아이가 목표를 달성하기 위해, 실패하거나 힘들어도 다시 시도하며 끝까지 해내려는 힘을 의미합니다.

어렵지만, 용기 내어보는 것

하연이는 줄넘기를 배우게 되었습니다.
줄에 자꾸 발이 걸려 속상한 마음에 눈물이 났습니다.
이때 엄마가 다가와 조용히 귓속말을 건넵니다.
"하연아, 사실 엄마도 어렸을 때 줄넘기가 참 어려웠단다.
하지만 줄에 걸려도 다시 해보고, 또 해보니 지금처럼 할 수 있게 되었어.
엄마는 도전하는 하연이가 참 멋지고, 용기 있는 어린이라고 생각해."
하연이는 눈물을 닦고, 다시 줄넘기를 시작했습니다.

처음은 누구에게나 어렵습니다. 친구에게 먼저 말을 걸어 보는 것, 새로운 악기를 연주해 보는 것, 자신의 이름을 써보려 애쓰는 것, 이 모든 순간이 아이에게는 도전입니다. 그렇기에 아이들은 어른보다 훨씬 더 많은 '처음'을 마주하며, 실패하고, 주저하고, 때로는 포기하고 싶어집니다. 도전은 단순히 새로운 것을 시도하는 것이 아니라, 실패를 받아들이고 조금씩 한계를 넘어서는 마음의 움직임입니다.

그리고 도전 뒤에는 언제나 노력이 뒤따릅니다. 잘 되지 않아도 다시 해보려는 마음, 조금씩 나아지기를 바라며 반복하는 행동. 아이가 "어려워요."라고 말하면서도 포기하지 않고 "그렇지만 다시 해볼래요!"라고 할 수 있다면, 그 속에 이미 그릿이 자라고 있는 것입니다.

아이에게 도전이 호기심을 따라 용기 있게 내딛는 첫걸음이라면, 노력은 그 발걸음을 끝까지 이어가게 하는 힘입니다. 두 가지가 함께 할 때, 아이의 마음은 더 단단해지고 자기 자신에 대한 믿음도 자라납니다.

세 살쯤 되면 아이는 하고 싶은 놀이를 스스로 골라 즐길 수 있습니다. 네다섯 살이 되면, 이제는 단순히 선택하는 것을 넘어 '무엇을 해볼까?' 하고 계획도 세우고 시도해 봅니다. 자신에게 맞는 놀이를 고르고, 때로는 '내가 잘했나?' 하고 스스로 평가하기도 하지요. 이렇게 목표를 세우고 실천하는 과정을 반복하면서 아이는 문제를 해결하는 힘을 키우고, 노력의 가치와 성취의 기쁨을 배워갑니다. 이 경험들이 쌓여 아이는 점차 더 큰 도전과 어려움도 헤쳐 나갈 수 있는 기초를 마련하게 됩니다.

도전과 포기의 갈림길

다섯 살 준희는 동화책을 소리 내어 읽고 있습니다.
갑자기 모르는 글자가 나오자 목소리가 작아지고 얼굴이 굳습니다.

'잘 읽고 싶은데…' 마음은 간절하지만 자꾸 막히자 책을 덮고 싶어져 버립니다.

이 순간은 아이가 "책 읽기 싫어, 안 할래." 하고 돌아서 버릴지, 아니면 "엄마, 이 글자는 어떻게 읽어요?" 하며 모르는 것을 인정하고 도움을 청할 용기를 낼지를 가르는 중요한 갈림길일 수 있습니다.

만약 이때 부모가 "너는 내년에 초등학교에 가는데, 아직 이 글자도 모르니?"라며 다그치거나, "괜찮아, 이런 걸로 울긴 왜 울어. 너는 그림을 잘 그리잖아." 하고 얼른 아이의 눈물을 멈추게 하려 한다면 어떻게 될까요? 이런 말은 겉보기에는 도움이 되는 것 같지만, 사실은 어려운 문제를 외면하거나 다른 것으로 덮어버리는 방법을 아이에게 가르쳐 주는 셈이 됩니다. 아이는 점점 '책 읽기는 어렵고 재미없는 것'이라고 여기게 되고, 앞으로 도전이 필요한 다른 순간에도 쉽게 물러나 버릴 수 있습니다.

반대로 부모가 "이 글자가 낯설었구나. 이건 ○○라고 읽어. 이번엔 우리 같이 읽어볼까?" 하며 아이의 마음을 이해해 주고 함께 방법을 찾아준다면 이야기는 달라집니다. 아이는 용기를 내어 "천천히 다시 읽어볼래요.", "엄마랑 같이 읽어볼래요."라고 말하며 다시 책장을 넘길 수 있을 것입니다.

도전과 노력은 단순히 눈앞의 과제를 잘 해내기 위한 기술이 아닙니다. 실패 앞에서도 물러서지 않고 다시 시도하려는 용기, 새로운 방법을 찾아가려는 태도, 끝까지 해내려는 마음이 아이 안에서 자라나는 과정입니다. 이 경험들이 쌓여 아이는 조금씩 자신을 믿게 되고, 더 큰 도전도 감당할 수 있는 힘을 키워 가게 됩니다.

조절과 적응

유아 그릿의 세 번째 핵심 요소는 조절과 적응입니다. 이는 아이가 자신의 감정과 행동을 스스로 조절하고, 새로운 상황이나 환경의 변화에 적응하는 힘을 의미합니다.

나, 너 그리고 우리

성인의 그릿은 흥미유지(흥미를 오래 유지하는 힘)와 노력지속(노력을 꾸준히 이어 가는 힘) 이 두 개의 요인으로 설명됩니다. 하지만 유아의 그릿에는 성인의 그릿에는 없는 새로운 핵심 요인이 하나 더 있습니다. 그것이 바로 조절과 적응입니다. 조절과 적응은 유아 그릿의 마지막 핵심 요소이자, 성인의 그릿과 구별되는 유아 그릿이 가진 고유한 특징입니다.

조절과 적응이 유아 그릿의 핵심 요소로 포함된 이유는 크게 두 가지입니다.

첫째, 발달학적 이유입니다. 유아기는 아직 자신의 감정과 행동을 다스리는 능력이 서툰 시기입니다. 매일 새로운 상황을 마주하면서 울기도 하고 화를 내기도 하지요. 하지만 이 과정을 조금씩 조율하고 적응해 가는 경험을 통해 아이는 도전을 이어갈 수 있는 힘을 키워 갑니다. 호기심과 도전이 싹트려면, 반드시 그것을 붙잡아 주는 조절과 적응의 힘이 함께 자라야 합니다.

둘째, 사회문화적 이유입니다. 우리 사회는 전통적으로 개인의 성취만큼이나 관계와 조화를 중요하게 여겨 왔습니다. 친구와 어울리고, 규칙을 지키며, 상황에 맞게 행동을 바꾸는 태도는 아이가 건강하게 공동체 속에서 살아가기 위해 꼭 필요한 힘입니다. 조절과 적응은 단지 개인의 회복력에 그치지 않고, '나와 너, 그리고 우리'를 이어주는 연결 고리이기도 합니다.

내 마음과 마주하기

조절은 아이가 자신의 감정과 행동을 조절하고자 하는 힘입니다. 이때 조절이란 무조건 참는 것이 아니라, 내가 지금 어떤 감정을 느끼는지 알아차리고, 그 감정을 말로 표현하거나 상황에 맞는 행동을 선택하려는 시도입니다. 화가 났을 때 크게 소리 지르는 대신 숨을 고르고 말로 표현해 보는 것, 먼저 하고 싶은 마음이 커도 차례를 기다려 보는 것이 바로 조절을 해보고자 노력하는 모습입니다.

유나와 준수가 놀이터에서 놀고 있었습니다.
두 아이는 동시에 그네를 향해 달려갔지만, 유나가 먼저 그네에 앉았습니다.
준수가 "나도 타고 싶어!"라고 말했지만,
유나는 "내가 더 탈래!"라며 양보하지 않았습니다.
결국 준수는 울음을 터뜨립니다.

이 순간 유나는 중요한 선택 앞에 섰습니다. 계속 그네를 타고 싶다는 자신의 욕구만을 고집할 수도 있고, 친구의 감정을 생각해 상황을 조율해 볼 수도 있을 것입니다. 만약 유나가 계속 양보하지 않고 고집을 부린다면 그네를 더 탈 수 있겠지만, 친구와의 우정을 쌓기는 힘들 것입니다.

유나는 잠시 생각한 끝에 "그러면 우리 10번씩 번갈아 타자."고 제안했고, 준수도 고개를 끄덕였습니다.

이 짧은 순간 속에서 유나는 자신의 욕구와 친구의 마음 사이에서 균형을 잡아 본 것입니다.

겉으로는 매일 비슷해 보이는 유아의 하루도, 사실은 새로운 상황과 작은 갈등으로 가득 차 있습니다. 아이는 그 속에서 감정과 행동을 조절하는 법을 차츰 배워갑니다. 특히 유아기는 또래와 함께 놀이하며 사회적 관계를 배우는 중요한 시기입니다. 원하는 것을 앞세우다가도 다른 친구의 감정을 고려하지 못해 다투기도 하지만, 이런 경험 자체가 바로 조절을 연습하는 장이 됩니다.

조절은 한 번에 완성되는 능력이 아닙니다. 유아기는 아직 자기중심적 사고가 강해 '내가 느끼는 건 모두가 알 거야.'라고 생각하거나, '내 마음대로 하고 싶다.'는 욕구가 쉽게 앞섭니다. 그래서 현실과 욕구가 부딪히면 크게 속상해하고, 감정의 기복도 큽니다. 아직 말로 조리 있게 표현하는 힘이 충분히 발달하지 않았기에, 감정이 크게 요동칠 때는 울거나 떼쓰는 행동으로 표출되기도 합니다. 하지만 중요한 것은 이런 감정을 전혀 경험하지 않는 것이 아니라, 감정의 폭풍

이 지나간 뒤 스스로 마음을 가다듬고, 다시 놀이와 관계로 돌아가는 경험을 거듭하는 것입니다.

아이는 이러한 과정을 통해 점차 자신의 충동을 다스리고, 상황에 맞는 행동을 선택하며, 타인과 관계 맺는 법을 배워 갑니다. 결국 조절은 감정을 억누르는 것이 아니라, 내 마음을 인식하고 사회적 맥락 속에서 적절히 표현하며 행동을 선택하는 힘입니다.

세상과 어울리기

조절이 내 마음을 다루는 힘이라면, 적응은 세상 속에서 어울리며 자라는 힘입니다. 적응은 단순히 사회 규칙에 맞추는 순응이 아닙니다. 중요한 것은 내 마음을 존중하면서도, 새롭거나 변화된 상황 속에서 어떻게 행동해야 할지 조율하는 힘입니다.

어제 앉았던 자리가 오늘은 바뀔 수 있고, 어제는 함께 잘 놀이하였는데 오늘은 그 친구가 같이 놀기 싫다고 하는 경우도 있습니다. 또는 하고 싶었던 바깥놀이가 비 소식에 다음날로 미뤄질 수도 있고, 때로는 차례를 양보해야 할 때도, 어두워서 무섭지만 현장학습으로 친구들과 함께 뮤지컬을 보러 가야 할 때도 있습니다. 처음에는 낯설거나 쑥스럽기도 하고 혹은 당황스러울 수도 있지만, 이런 경험이 쌓일수록 아이는 불편을 견디고 새로운 상황에 익숙해지며 맞추어 가는 힘을 키워 갑니다. 바로 이 과정에서 아이는 세상과 건강하게 어울리며 자라는 방법을 배우게 됩니다.

또한 적응은 아이가 앞으로 살아갈 공동체의 토대를 만들어 줍니다. 우리 사회는 전통적으로 개인의 성취만큼이나 관계와 조화를 중요하게 여겨 왔습니다. 적응은 아이가 자기 자신을 잃지 않으면서도, 다른 사람과 어울려 살아가는 힘을 길러 줍니다. 이는 단순한 타협이 아니라, 자기 이해를 바탕으로 한 유연성과 회복력의 발달입니다.

결국 적응은 변화 앞에서 주저앉지 않고 다시 도전할 수 있게 하는 힘입니다. 환경과 관계가 바뀌어도 자신을 조율하며 나아갈 수 있을 때, 호기심은 도전으로 이어지고, 도전은 끝까지 해내는 힘으로 발전합니다.

호기심·도전·조절이 이어지는 그릿의 발달

유아의 그릿은 세 가지 핵심 요소가 서로 힘을 주고받으며 자라납니다. 호기심, 도전, 조절은 따로따로 존재하는 것이 아니라, 마치 톱니바퀴가 맞물려 함께 돌아가듯 서로 연결되어 있습니다. 하나가 움직이면 나머지도 자연스럽게 따라 움직이며 같이 성장하는 것입니다.

이 순환의 시작은 호기심으로부터 출발합니다. 어린 시절, 아이들이 마주하는 세상은 궁금하고 신기한 것으로 가득차 있습니다. 그래서 아이들은 세상에 대한 호기심을 해결하고자 끊임없이 질문합니다. "이건 뭐야?", "왜 그래요?" 하고 묻는 순간, 마음과 생각이 깨어나고, 새로운 발걸음을 내딛게 됩니다. 일상생활 속 작은 호기심은 탐색과 도전으로 이어지게 됩니다.

이 과정에서 아이에게는 노력하는 힘이 자라납니다. 노력은 단순히 버티거나 끈질기게 매달리는 게 아닙니다. 아이는 여러 번 시도하는 동안 '조금 더 나아졌네!', '전보다 잘했어!'라는 작은 변화를 스스로 느낍니다. 그 순간 '노력하면 달라질 수 있구나!'라는 깨달음이 싹트고, '나는 할 수 있다.'는 자신을 믿는 마음이 자리 잡게 됩니다. 이

믿음은 다시 새로운 도전을 향한 원동력이 됩니다.

하지만 도전의 길이 늘 순탄하거나, 하고자 하였던 것이 모두 성공하는 것은 아닙니다. 아이는 때로 실패하고 실망하기도 하고, 감정이 크게 요동치기도 합니다. 바로 이때 필요한 것이 조절과 적응의 힘입니다. 속상한 마음을 스스로 달래고, 상황에 맞게 행동을 바꿔 가는 능력이 있어야 아이는 다시 일어나 도전할 수 있습니다. 이 힘이 부족하면 도전은 금세 멈추고, 호기심은 움츠러들며, 노력도 무력감으로 바뀌어 버립니다.

그래서 유아기의 그릿은 직선과 같이 죽 한 방향으로 자라는 것이 아니라, 돌고 돌며 깊어지는 연속된 과정입니다. 아이는 이 순환을 여러 번 반복하며 점점 더 단단하고 유연한 태도를 배우고, 스스로 하고 싶어 하는 마음과 자기 주도성도 커져갑니다.

여기에서 중요한 점은, 아이의 그릿은 억지로 참거나 강요된 인내로는 자라지 않는다는 것입니다. 억지로 버티게 하는 힘은 오래가지 못합니다. 아이가 스스로 의미를 느끼고 그 안에서 동기를 찾을 때 비로소 그릿은 살아 있는 힘이 됩니다. 실패조차 끝이 아닌 다음 성장을 위한 준비 과정으로 경험됩니다.

이 과정을 통해 아이는 마음속에서 작은 목소리를 키워갑니다. "나는 할 수 있어." 이 목소리가 커질수록 아이의 호기심은 더 넓어지고, 도전은 더 깊어지며, 감정을 조절하는 힘은 더 단단해집니다. 그래서 유아기의 그릿은 완성된 능력이 아니라, 매일의 경험 속에서 살아 움직이며 천천히 자라나는 가능성인 것입니다.

조절은 아이의 마음을 지켜주는 힘, 적응은 세상과 어울리게 하는 힘입니다. 두 힘이 어우러질 때, 아이는 넘어져도 다시 일어나는 그릿을 키워 갑니다.

제4장

그릿과 뇌 발달의 과학적 근거

"우리 아이는 왜 저럴까요?", "여러 번 설명했는데 왜 못 알아듣는 걸까요?" 부모라면 누구나 이런 의문을 품어 본 적이 있을 것입니다. 사실 이 질문들의 출발점은 바로 '뇌'에 있습니다. 우리의 감정, 습관, 행동은 모두 뇌의 작동 방식과 깊이 연결되어 있기 때문입니다. 그릿 역시 뇌 안에서 일어나는 수많은 연결과 반응이 어우러져 나타나는 힘입니다.

"과학자가 아닌데 뇌과학까지 알아야 하나요?" '뇌'라는 단어 자체가 우리에게 주는 부담감이 있을 수 있습니다. 그러나 이 장에서 다루고자 하는 것은 전문 용어를 익히는 것이 아니라, 우리 아이를 더 잘 이해하기 위한 과학적 시선을 알아보자는 것입니다. 아이의 뇌 발달은 성인과 달라서, 그릿이 자라는 과정 또한 다르게 나타납니다. 그 다름을 이해하는 것이 바로 유아 그릿을 이해하는 첫걸음입니다.

예를 들어, 아이가 왜 같은 놀이를 반복하는지 궁금했던 적 있으신가요? 똑같은 놀이를 며칠이고 이어가고, 어제 본 책을 오늘도 또 읽어 달라고 들고 오는 모습 말입니다. 어른 눈에는 답답해 보일 수 있고, 혹시 문제가 있는 것은 아닐까 걱정이 되기도 합니다. 하지만 이런 반복은 아이의 뇌가 발달하고, 그 속에서 그릿이 자라고 있다는 증거입니다.

뇌과학은 "왜 우리 아이가 저렇게 행동할까?"라는 질문에 중요한 실마리를 건네줍니다. 뇌의 작동 방식을 알면 아이의 오늘을 조금 더 따뜻하게 바라볼 수 있고, 반복과 실패, 감정 속에서 자라나는 성장의 징후를 놓치지 않을 수 있습니다.

이 장에서는 아이의 뇌 발달과 그릿이 어떻게 연결되는지, 그리고 뇌과학이 우리에게 어떤 이해의 눈길을 줄 수 있는지를 함께 살펴보겠습니다.

반복을 통해 자라는 아이의 뇌

아이들은 마치 어제라는 시간을 오늘 다시 펼쳐보듯, 똑같은 놀이를 반복합니다. 어제 했던 블록 쌓기를 또 하고, 어제 봤던 그림책을 오늘도 꺼내 들죠. 이미 수십 번 해본 것임에도 불구하고 아이는 지루해하지 않고, 오히려 더 집중하고, 더 빠져드는 모습을 보입니다. 중요한 것은 이러한 반복 행동이 아이가 지금 무엇인가를 익히고, 연결을 만들어 가고 있다는 신호라는 점입니다.

같은 이야기더라도 두 번째에는 처음에는 몰랐던 인물의 표정이 보이기 시작하고, 세 번째에는 그 표정이 이야기의 흐름과 어떤 관계가 있는지 알게 되는 것이죠. 아이는 반복 속에서 패턴을 인지하고 연결하며, 하나의 사건을 점차 더 크고 입체적인 그림으로 완성해 나갑니다. 즉, 같은 놀이의 반복은 '같은 행동'이 아니라, '차이를 알아가는 행동'이라는 것이죠. 이러한 반복 속에서 아이의 뇌에는 어떤 변화가 일어나고 있는 것일까요?

시냅스의 연결 강화

우리의 뇌는 약 천억 개의 뉴런이라는 신경세포로 이루어져 있습니다. 뉴런은 정보를 받아들이고, 처리하고, 다른 뉴런에 전달하는 역할을 하죠. 뉴런 하나하나는 전선처럼 연결되어 있는데 이를 시냅스라 합니다. 시냅스에서는 화학물질을 통해 신호가 전달되며, 이 네트워크가 우리의 생각, 감정, 행동을 결정짓습니다.

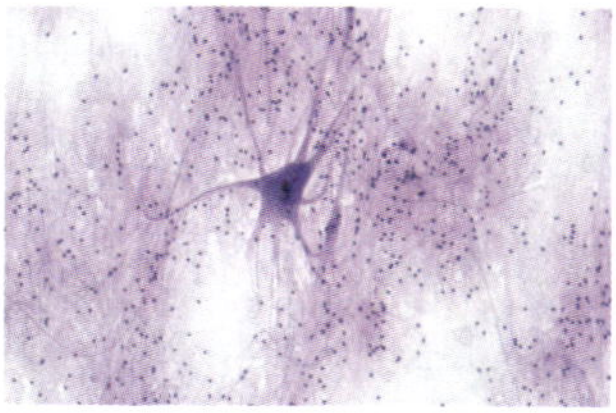

뉴런을 염색해 촬영한 사진[18)]

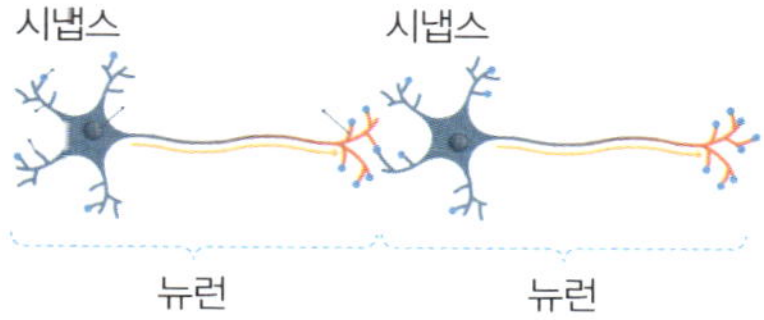

뉴런의 구조와 연결

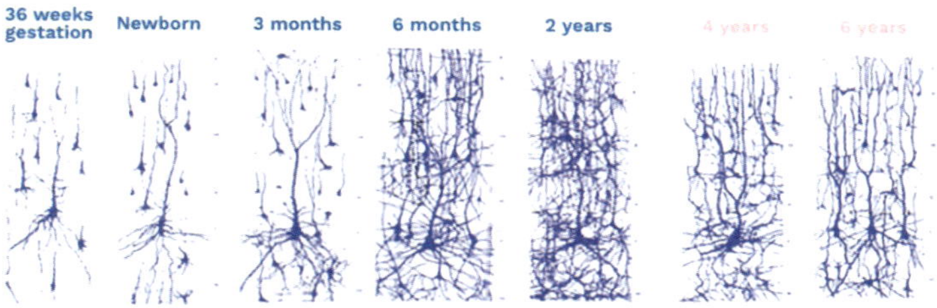

뇌의 효율화를 보여주는 시냅스 변화 이미지[19)]

아이가 태어난 후 약 2세까지는 대일 수백만 개의 시냅스가 생겨납니다. 시냅스의 수만 놓고 보면 성인보다도 두 배 가까이 많죠. 뇌는 엄청난 네트워크를 만들지만, 이 많은 연결을 다 유지하는 것은 쉽지 않습니다. 그래서 대략 3세 전후부터는 자주 쓰는 부분은 남기고, 그렇지 않은 부분은 쓰임새가 없다고 여겨 정리하는 시냅스 가지치기 현상이 시작됩니다. 잘 쓰이지 않는 연결은 정리되고, 자주 사용하는 회로는 강화되며 뇌의 효율성이 점점 높아집니다. 이러한 신경 연결은 학습과 기억뿐 아니라, 아이가 세상을 더 정교하게 해석하도록 돕습니다. 이렇게 정돈되고 강화된 신경 연결은 아이의 호기심을 더 깊게 만들고, 몰입과 탐색을 지속하게 만드는 힘이 됩니다.

기대로 반짝이는 뇌

'도파민 중독', '팝콘 브레인'이라는 말을 들어보신 적 있으신가요?

스마트폰에 빠진 아이, 집중하지 못하는 모습과 연결되면서 도파민은 종종 나쁜 것으로만 인식되곤 합니다. 그러나 도파민은 본래 뇌가 무언가를 배우고 성취했을 때 즐거움을 느끼게 해주는 소중한 신경전달물질입니다.

중요한 점은 도파민 그 자체가 문제가 아니라는 것입니다. 아이가 어떤 상황에서, 어떤 경험을 통해 도파민을 느끼는가가 핵심이지요. 건강한 맥락에서 도파민이 작동할 때, 아이의 뇌는 '무언가를 해냈다.'는 기쁨을 기억하고 다시 도전하려는 동기를 얻게 됩니다.

예측과 도파민의 보상

도파민은 무언가를 예측하고 확인하는 과정에서 활발히 분비됩니다. 예를 들어, 아이는 '곧 왕자가 나올 거야!', '이제 문이 열릴 거야!' 하며 이야기 속 장면을 예측합니다. 그리고 정말로 왕자가 등장하거나 기다리던 문이 열리는 순간, 뇌에서는 도파민이 분비되고 아이는 크게 기뻐합니다.

이때 아이는 단순히 재미를 느끼는 것에 그치지 않습니다. "내가 알고 있었어!", "내가 맞혔어!"라는 만족과 자신감을 함께 맛보는 것이지요. 이렇게 예측이 맞아떨어지는 경험은 아이의 뇌 속에 '예상하기 → 확인하기 → 기쁨 느끼기 → 다시 도전하고 싶어지기'라는 긍정적인 회로를 만들어 줍니다. 이 경험이 쌓일수록 아이는 세상을 더 적극적으로 탐색하고, 호기심은 점차 열정으로 자라납니다.

놀이가 만드는 건강한 도파민

요즘 아이들은 스마트폰을 통해 쉽고 빠르게 도파민을 경험합니다. 영상 한 편을 클릭하면 화려한 소리와 화면, 빠른 장면 전환이 뇌를 강하게 자극하고, 게임에서는 간단한 조작을 통해 즉각적인 보상을 얻기도 합니다. 하지만 이런 자극은 아이가 스스로 예측하거나 조절할 필요가 없는, 일방적인 경험에 가깝습니다.

반대로, 놀이 속의 도파민은 조금 다릅니다. 아이는 블록을 쌓다 무너지면 다시 세워 보고, 종이접기가 잘 안 되면 다시 시도하며, 스스로 계획하고 예측합니다. 이 과정에서 뇌는 안정적으로 도파민을 분비하고, 아이는 "내가 해냈어!"라는 기쁨과 함께 다시 시도할 힘을 얻습니다. 놀이가 단순히 즐거운 시간이 아니라, 아이의 호기심과 열정을 키워주는 든든한 토대가 되는 이유가 여기에 있습니다.

중요한 것은 무엇이 아이의 도파민 시스템을 자극하고 있는지, 그리고 그 자극이 일방적인지, 아이의 주도성과 연결되어 있는지를 구분하는 것입니다. 유년기 시절 놀이를 통해 쌓아온 이런 경험들은 아이가 학령기에 접어들어 학업을 수행하거나 새로운 문제를 마주할 때 큰 힘이 됩니다. 스스로 해본 기억은 아이가 도전을 피하지 않고, 배움 안에서 재미를 발견하며 나아가도록 도와줍니다. 이처럼 유아기의 놀이 경험은 단지 재미있게 놀았던 시간이 아니라, 지속 가능한 배움과 도전의 힘을 키우는 심리적 토대가 되어주는 것입니다.

아이의 호기심은 이렇게 작은 예측과 탐색의 경험을 통해 점점 깊어지고, 그 안에서 열정이 싹틉니다. 궁금해서 시작한 활동이 반복 속에서 즐거움으로 이어지고, 즐거움은 다시 도전할 용기로 바뀌는 것이지요.

이런 경험이 쌓이면 아이는 작은 목표를 세우고, 그 목표를 향해 꾸준히 나아가는 힘을 조금씩 키워 갑니다. 결국 유아기의 그릿은 특별한 재능에서 생기는 것이 아니라, 놀이 속에서 자꾸 시도하고 반복하는 일상의 경험 속에서 차곡차곡 자라납니다. 오늘도 아이가 새로운 놀이에 빠져들고, 알고 싶은 것을 스스로 찾아가는 그 순간, 그릿은 조용히 뿌리내리고 있는 것입니다.

부모 한 걸음

유튜브와 게임, 무조건 멀리하게 해야 하나요?

많은 부모가 이런 고민을 합니다.

"영상을 보여주는 게 안 좋다는 건 알지만, 어쩔 수 없는 상황이 있잖아요."

외식 자리에서, 대중교통 안에서, 아이가 칭얼거릴 때 손에 쥐여주는 스마트폰은 부모에게 잠시 숨 고르기를 허락하지만, 마음 한켠엔 늘 불안이 남습니다.

사실 유튜브와 게임이 무조건 해롭다고만 할 수는 없습니다. 문제는 도구 그 자체가 아니라, 아이가 어떤 방식으로 경험하느냐에 달려 있습니다. 밥을 먹이거나 울음을 그치게 하려는 즉각적인 통제 도구처럼 사용할 때, 아이는 대개 혼자 화면을 바라보게 됩니다. 부모는 함께 보지 않고, 대화도 이루어지지 않죠. 이런 수동적 경험은 자기조절 능력을 약화시킬 수 있다는 점에서 특히 주의가 필요합니다. 유아기는 자발적인 호기심과 내적 동기가 자라는 시기입니다. 그런데 즉각적인 보상과 강한 자극에 반복적으로 노출되면, 아이는 "이건 뭐지?", "왜 그럴까?" 같은 질문보다 눈앞의 자극에만 반응하는 태도를 배우게 됩니다. 자연스러운 탐색과 몰입의 기회가 줄어드는 것이죠.

그래서 필요한 것이 바로 공감적 시청(co-viewing)입니다. 공감적 시청이란 부모가 함께 보며 눈을 맞추고, 아이의 반응에 말을 걸고, 감정을 나누는 방식입니다. 영상과 게임이 아이에게 주체적인 탐색과 표현의 기회를 주고, 부모가 그 과정을 함께해 준다면, 그것은 충분히 유익한 배움의 시간이 될 수 있습니다.

결국 아이의 미디어 경험은 '무엇을 봤느냐'보다 '누구와, 어떻게 느꼈느냐'에 따라 전혀 다른 결과를 만들어 냅니다. 잘 사용한다면, 유튜브와 게임도 아이의 그릿이 자라나는 또 하나의 놀이 공간이 될 수 있습니다.

외식 자리에서

- 미리 '외식 놀이 가방'을 준비해 보세요. 작은 장난감, 스티커북, 크레용, 자석 퍼즐 등을 담아두면 좋습니다.
- 음식이 나올 때까지는 "여긴 무슨 소리가 나지?", "저 사람은 무슨 색 옷을 입었을까?"와 같은 짧은 관찰 놀이를 해보세요.
- 손가락으로 동물 흉내 내기, 냅킨 인형놀이처럼 간단한 테이블 놀이도 아이를 차분하게 만듭니다.

대중교통 안에서

- 작은 그림책이나 스티커북을 꺼내 함께 보기
- 창밖 풍경 관찰하며 이야기 나누기, 간판 읽기
- 손바닥 글자 쓰기, 그림 그리기 놀이

영상 시청방법

- '몇 분'보다 '몇 편, 그리고 함께 보기' : 혼자 오래 시청하게 두지 말고, 부모가 옆에서 2~3편 정도 함께 보며 이야기 나누세요.
- 갑자기 끊지 말고 '일시정지, 그리고 대화' : "끝났으니 그만!"처럼 중단하기보다, 화면을 잠시 멈추거나 영상이 끝난 뒤 "왜 저 친구가 화났을까?", "무슨 일이 벌어졌지?"와 같이 대화를 이어가 보세요. 아이의 몰입과 리듬을 존중하는 태도가 더 효과적입니다.
- 미리 예고하며 마무리하기 : "이제 몇 분 남았어."처럼 미리 알려주고, 아이와 함께 약속하며 마무리하면 거부감 없이 정리할 수 있습니다.

뇌의 지휘자 전두엽의 발달

어떤 아이들은 왜 실패해도 쉽게 포기하지 않을까요? 퍼즐 조각이 잘 안 맞아도, 블록이 무너져도 끝까지 다시 시도하는 아이들 말입니다. 그 힘의 배경에는 뇌 속 '전두엽'의 활발한 발달이 숨어 있습니다.

전두엽은 이마의 바로 뒤, 뇌의 앞부분에 자리한 뇌의 사령탑입니다. 좌뇌 전두엽은 언어와 논리적 사고, 계획과 관련된 기능을, 우뇌 전두엽은 공간 감각, 창의적 발상, 직관적 판단을 더 많이 담당합니다. 그러나 아이가 새로운 도전에 부딪히고, 실패를 견디며, 다시 시도하는 힘은 좌 · 우 전두엽이 함께 협력할 때 생깁니다.

전두엽은 주의 집중, 계획 세우기, 문제 해결, 감정 조절, 충동 억제 같은 기능을 맡습니다. 아이가 화를 참고 다시 시도하거나, 방법을 바꾸어 해결책을 찾거나, 실패에도 도전을 이어가는 힘은 모두 전두엽에서 비롯됩니다. 그렇기에 유아기의 전두엽 발달은 곧 유아 그릿의 핵심 요소인 '도전과 노력'을 뒷받침합니다.

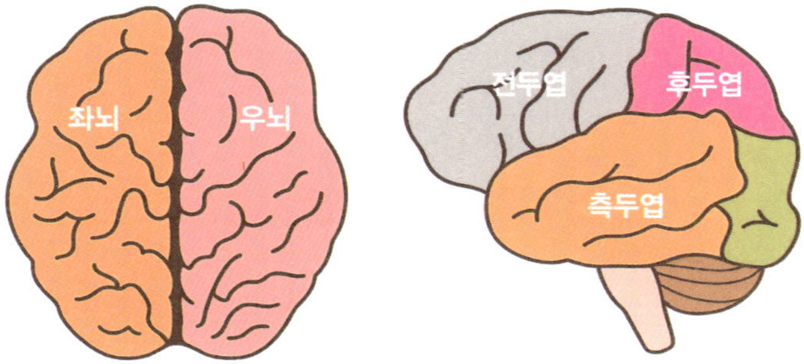

좌) 뇌를 위에서 내려다 본 모습, 우) 뇌를 옆에서 본 모습

휘운이는 장갑차 종이접기 도안을 보고 따라 접기를 시작했습니다.
하지만 과정이 복잡해 첫 시도는 실패로 끝났습니다.
그러나 포기하지 않고 다시 종이를 접습니다.
이번에는 유튜브 영상을 찾아, 잘 안 접히는 부분마다 멈춰가며 따라 접어봅니다.
여러 번의 시도 끝에 장갑차 접기에 성공했을 때, 휘운이의 얼굴에는 환한 웃음이 번졌습니다.

완성한 종이 장갑차

이 과정에서 휘운이는 화가 나도 참고 다시 시도하는 감정 조절, 새로운 방법을 찾는 문제 해결력, 여러 번 접고 펴기를 견디는 인내심과 주의 집중력을 모두 사용했습니다. 좌 · 우 전두엽이 활발히 협력하며, 끝까지 도전하도록 돕고 있었던 것이지요.

이처럼 유아기의 작은 놀이 경험은 아무 의미 없는 시간이 아닙니다. 놀이 속 반복과 도전은 전두엽을 자극해, 아이가 어려움을 견디고 다시 시도하는 힘, 곧 그릿을 자라나게 합니다. 실제 미국 뇌과학 연구팀의 연구에서도, 반복되는 도전과 실패를 극복하는 경험이 전두엽 활동을 활발하게 만들고, 성취감과 학습 동기의 토대가 된다고 보고했습니다[20].

뇌에도 오답 노트가 있어요

우리가 새로운 도전을 할 때 뇌는 결과를 미리 예상합니다. 그런데 예상이 빗나가거나 실패를 경험하면 뇌는 그냥 넘어가지 않습니다. "뭔가 잘못됐어, 다시 배워야 해!" 하고 알람을 울리는 것이죠. 이때 중요한 역할을 하는 것이 도파민 시스템입니다. 도파민은 실패를 단순한 좌절이 아니라 '성장의 신호'로 바꾸어 줍니다. 전두엽은 "어디서 틀렸지?"를 분석하고, 도파민은 "다시 해보자!"라는 동기를 불어넣습니다.

수진이는 라푼젤이 사는 높은 탑을 쌓고 있습니다.
큼직한 사각 블록을 놓고, 그 위에 여러 블록을 하나씩 올려봅니다.
"라푼젤은 엄청 높이 살아!"
까치발을 들어 블록을 올리지만, 몸이 닿으며 탑이 자꾸 무너집니다.
아이는 한동안 멈춰 서 무너진 탑을 바라보다가, 다시 탑을 쌓아 봅니다.
밑에는 큰 블록을 쌓고, 꼭대기에 지붕을 올릴 때는 의자를 가져와 쌓아 봅니다.
라푼젤이 사는 탑의 지붕을 완성하자 수진이는 두 팔을 번쩍 들며 "됐다!" 하고 외칩니다.

이 순간 아이의 뇌에서는 실패 → 조정 → 재도전의 순환이 일어나고 있습니다. 탑이 무너질 때마다 전두엽은 "왜 무너졌을까?", "어떻게 하면 무너지지 않고 높이 쌓을 수 있을까? 이번엔 이렇게 해볼까?" 하고 전략을 다시 세웁니다. 무너진 탑이 단순히 좌절로 끝난 게 아니라, 새로운 방법을 찾게 만든 계기가 된 것이죠.

유아기는 전두엽이 급격히 발달하며 실패와 도전을 가장 많이 경험하는 시기입니다. 그래서 이때의 작은 실패와 재도전은 단순한 놀이가 아니라, 실패 속에서도 다시 배우고 시도하는 힘을 길러 줍니다. 이런 경험이 쌓일수록 아이는 도전을 즐기고, 실패를 두려움이 아닌 배움의 기회로 받아들이는 태도를 키웁니다. 결국 아이가 "또 해볼래!"라고 말하는 순간, 뇌 속에서는 성장의 문이 활짝 열리고 있는 것입니다.

불편을 통해 성장하는 뇌

아이들이 사소한 일에도 울고불고하거나, 바닥을 구르며 화를 내는 모습을 보면 부모 마음은 속상해집니다. '왜 이렇게 감정을 못 참을까? 버릇이 없는 건 아닐까?' 걱정이 앞서기도 하지요. 하지만 이런 모습은 의지 부족이나 버릇 없음 때문이 아닙니다. 아이 뇌의 조절 시스템이 아직 발달하는 중이기 때문입니다.

> 요즘 규현이의 부모님은 걱정이 생겼습니다.
> 작년까지만 해도 차분히 놀이하고 친구들과 잘 지내던 아이가,
> 최근에는 조금만 불편해도 울고 짜증을 내기 시작했기 때문입니다.
> 놀이터에서 친구가 다가오면 "불편해! 오지 마!" 하고 소리치고,
> 반대로 친구가 딱지를 가지고 놀면 "나도 할래!"라며 떼를 씁니다.
> 갑자기 프로 불편러가 된 규현이, 무슨 문제가 있는 걸까요?

이런 변화는 영아기에서 유아기로 넘어가며 자연스럽게 나타나는 발달 과정입니다. 혼자 블록을 쌓거나 그림을 그리던 시기를 지나, 이제는 친구와 함께 놀이하며 더 많은 규칙과 역할을 배우기 시작하는 것이지요. 놀이 속에서는 차례를 기다려야 하고, 하고 싶은 것을

잠시 미루어야 할 때도 생깁니다. 아직은 조절하는 힘이 충분히 발달하지 않았기에, 아이는 이런 상황을 불편하게 느끼고 울거나 화를 내며 표출할 수밖에 없습니다. 하지만 바로 이 불편한 순간들이야말로 아이가 세상과 어울리며 적응을 배워가는 중요한 과정입니다.

흥분성 뉴런과 억제성 뉴런

우리 뇌에는 두 가지 주요한 뉴런 시스템이 있습니다.

- 흥분성 뉴런 : "계속 해!"라는 신호를 보내는 '가속페달' 역할을 합니다.
- 억제성 뉴런 : "잠깐, 멈춰!"라는 신호를 보내는 '브레이크' 역할을 합니다.

자동차에 엑셀만 있다면 멈출 수가 없어 매우 위험할 것입니다. 또 반대로 브레이크만 있다면 앞으로 나아갈 수가 없죠. 자동차가 제 기능을 하려면 엑셀과 브레이크 두 가지가 모두 필요합니다.

이와 마찬가지로 우리의 뇌 역시 감정과 행동을 조절하려면 엑셀과 브레이크 두 시스템이 균형을 이루어야 합니다. 하지만 뇌 발달은 아쉽게도 이 두 시스템이 동시에 발달하지 않습니다. 먼저 흥분성 뉴런이 발달하고, 억제성 뉴런은 뇌에서 가장 늦게 발달합니다. 그래서 아이들은 아직 억제성 뉴런이 충분히 발달하지 않았기 때문에 성인에 비해 작은 불편이나 자극에도 쉽게 울고 짜증을 내며, 충동적으로 움직이고, 감정의 기복이 큰 모습을 보이는 것입니다. 아이들의 이러한 모습은 단순히 버릇이 없기 때문이 아니라, 뇌 발달 속도의 엇박자가 빚어낸 자연스러운 현상입니다.

아이의 불편한 반응은 단순한 떼쓰기가 아니라, 뇌 속에서 새로운 균형을 배우고 있다는 신호입니다. 흥분성 뉴런은 "계속 해!"라며 가속페달을 밟지만, 억제성 뉴런은 아직 충분히 발달하지 않아 브레이크를 세게 밟지 못합니다. 그래서 작은 갈등에도 울고불고하거나, 원하는 걸 얻을 때까지 고집을 부리며 충돌이 일어나는 것이지요. 이 불편함이 바로 아이 뇌가 성장하는 과정에서 자연스럽게 겪는 '발달의 소음'입니다. 결국 아이는 이런 순간들을 통과하면서 점차 감정을 다스리는 방법을 배우고, 브레이크를 조금씩 더 단단하게 만들어 갑니다.

부모 한 걸음

떼쓰는 아이를 다독이는 4단계 대화법

• 상황 : 아이가 놀이터에서 그네를 더 타고 싶어 울 때

1단계 : 아이 마음 읽어주기

"○○이가 더 타고 싶었는데, 차례를 바꿔야 하니 속상했구나."

→ 감정을 그대로 말로 표현해 주면, 아이는 '내 마음을 알아주는구나.' 하고 안정감을 느낍니다.

2단계 : 상황의 규칙 알려주기

"놀이터는 같이 쓰는 곳이야. ○○이가 타고 싶었던 것처럼 친구도 타고 싶지. 이제 친구 차례야."

→ 사회적 약속을 알려주면, 질서를 이해할 수 있습니다.

3단계 : 행동 돌아보기 및 관계 회복하기

"친구에게 소리 지른 건 잘못된 행동이야. 용기 있는 어린이는 사과할 수 있어. 친구에게 '미안해'라고 말해볼까?"

→ 행동을 돌아보게 하고, 관계를 회복하는 방법을 알려주세요.

4단계 : 용기 있는 행동에 대한 칭찬하기

"○○이가 계속 타고 싶었을 텐데 기다려 주고, 용기 내서 사과도 했네. 정말 멋졌어!"

→ 이런 인정의 말은 조절 경험을 긍정적인 성취감으로 연결해 줍니다.

끝까지 해내게 돕는 힘

아이들이 감정을 조절하고 변화에 유연하게 대처하는 힘은 타고난 성격이나 단순한 인내심에서만 오지 않습니다. 뇌 속에는 '실행 기능'이라는 조율 장치가 있어, 아이가 끝까지 해낼 수 있도록 돕습니다. 실행 기능은 크게 세 가지 힘으로 이루어져 있습니다.

- 작업 기억 : 작은 메모장처럼 해야 할 일을 잠시 기억하는 힘입니다. "손 씻고 밥 먹자"라는 엄마의 말을 기억하고 손을 씻은 뒤 식탁으로 가는 것이죠.
- 억제 조절 : 하고 싶은 충동을 잠시 멈추는 힘입니다. 과자를 당장 먹고 싶어도 밥을 다 먹을 때까지 기다릴 수 있는 힘입니다.
- 인지적 유연성 : 상황에 따라 생각과 행동을 바꾸는 능력입니다. 퍼즐을 하려다 친구가 블록 놀이를 제안하면 놀이를 바꿔볼 수 있는 힘입니다.

단순한 의지만으로는 오래 버티기 어렵습니다. 아이가 감정을 다스리고, 목표에 맞게 행동을 조율하며, 필요할 때 전략을 바꿀 수 있으려면 뇌 속의 실행 기능이 함께 자라야 합니다. 그래서 유아기의 실행 기능 발달은 그릿의 핵심 요소인 '조절과 적응'과 깊이 연결되어 있습니다.

그릿은 아이에게 억지로 참으라고 강요하는 힘이 아닙니다. 화가 났을 때 마음을 알아차리고, 규칙을 배우고, 친구와 다투었다가도 화해하는 작은 경험들이 쌓일 때 실행 기능은 조금씩 단단해집니다. 그렇게 다져진 힘이야말로 실패와 갈등 속에서도 다시 일어나 도전하게 하는, 진짜 그릿의 뿌리가 됩니다.

제5장

아이의 그릿, 어떻게 진단할 수 있을까

우리는 종종 타인에 대해 '끈기가 있구나.', '조금만 어려워도 쉽게 포기하네.'와 같이 그 사람이 가진 태도에 대한 평가를 내립니다. 하지만 이런 성향은 눈으로 직접 볼 수 있는 것이 아니고 주관적이어서 사람마다 다르게 해석될 수 있습니다. 그래서 연구자들은 사람의 태도를 객관적으로 측정할 수 있는 방법을 찾았는데요, 그것이 바로 '척도'입니다. 척도란 단순한 체크리스트가 아니라, 학자들의 오랜 연구와 과학적 분석과 통계적 검정 과정을 통해 만들어진 객관적이고 신뢰성을 가진 도구입니다. 즉, 우리의 눈에 보이지 않는 사람의 성향을 객관적인 수치로 표현해 주는, 일종의 '공식적인 자'라고 할 수 있습니다.

우리 아이의 그릿 역시 유아 그릿 척도를 통해 살펴볼 수 있습니다. 이 장에서는 '유아 그릿 척도'를 통해 아이의 그릿 수준을 살펴보고, 그 결과를 어떻게 이해하고 일상에서 활용할 수 있을지 알아보고자 합니다.

유아 그릿 진단하기[21]

- 각 문항을 읽고, 아이의 평소 모습을 떠올리며 가장 가까운 곳에 체크해 주세요.
- 바로 체크해도 되지만, 일주일 정도 아이를 관찰한 뒤 체크하면 보다 정확합니다.

핵심 요소	문항 내용	없음	드묾	가끔 있음	자주 있음
호기심과 열정	1. 주변에 호기심을 보인다.	①	②	③	④
	2. 호기심이 생기면 알아내려고 살펴본다.	①	②	③	④
	3. 스스로 선택한 놀이나 활동을 즐긴다.	①	②	③	④
	4. 놀이나 활동에 적극적으로 참여한다.	①	②	③	④
	5. 놀이나 활동의 과정을 즐긴다.	①	②	③	④
도전과 노력	6. 목표를 달성하기 위해 계획을 세운다.	①	②	③	④
	7. 계획이나 약속을 실천하기 위해 노력한다.	①	②	③	④
	8. 스스로 문제 해결 방법을 찾으려 노력한다.	①	②	③	④
	9. 어렵거나 힘들어도 포기하지 않고 계속 도전한다.	①	②	③	④
	10. 작은 성공 경험을 토대로 더 큰 목표에 도전한다.	①	②	③	④

핵심 요소	문항 내용	없음	드묾	가끔 있음	자주 있음
조절과 적응	11. 자신의 감정을 조절하려 한다.	①	②	③	④
	12. 자신의 행동에 주의를 기울인다.	①	②	③	④
	13. 어려움을 해결하기 위해 다양한 방법을 시도한다.	①	②	③	④
	14. 상대방의 의견을 존중하고 반영한다.	①	②	③	④
	15. 낯선 환경에서도 새로운 경험을 받아들인다.	①	②	③	④

관찰로 깊이 보기

유아 그릿 척도는 부모가 직접 활용할 수 있도록 개발되었습니다. 부모는 아이의 생활 전반을 가장 가까이에서 지켜보기 때문에, 아이의 호기심 · 도전 · 조절 같은 그릿의 단면을 누구보다 풍성하게 포착할 수 있습니다.

관찰은 특별한 준비가 필요하지 않습니다. 그저 아이를 바라보고, 오늘 함께한 작은 순간을 떠올려 보는 것만으로도 충분합니다. 아이가 놀이에 몰입하는 모습, 식탁에서 건네는 짧은 한마디, 친구와 주고받는 눈빛 속에도 호기심 · 도전 · 조절의 단서가 숨어 있습니다.

- 짧게 자주 보기 : 하루 종일 보고, 매 순간을 기록하지 않아도 됩니다. 짧은 순간에도 아이의 태도가 드러납니다.
- 일상 속에서 보기 : 놀이, 식사, 대화 등 다양한 장면에서 아이의 모습을 살펴보세요.
- 작은 신호에 주목하기 : 눈빛, 몸짓, 짧은 말 한마디에도 호기심 · 도전 · 조절의 단서가 숨어 있습니다.
- 존중하며 기다려 주기 : 아이가 스스로 시도하는 동안 서두르지 말고 끝까지 지켜봐 주세요.

한 번 진단 후 끝내는 것보다, 한 달 정도 실천 편을 적용한 뒤 다시 체크해 보면 아이의 작은 성장이 눈에 들어오기 시작합니다. 이렇게 반복해 살펴보는 과정에서 부모는 아이의 그릿이 자라는 모습을 발견하고, 필요한 부분을 어떻게 도와주어야 할지 알 수 있습니다.

그릿 점수 계산하기

• 체크한 칸에 해당하는 점수를 확인하세요.

체크 항목	없음	드묾	가끔 있음	자주 있음
점수	1점	2점	3점	4점

구분		문항 번호	합산 점수	평균
핵심 요소	호기심과 열정	1~5번		(합산 점수÷5)
	도전과 노력	6~10번		(합산 점수÷5)
	조절과 적응	11~15번		(합산 점수÷5)
전체	유아 그릿	1~15번		(총합÷15)

예시) 호기심과 열정(1~5번 문항) : 3 + 4 + 3 + 2 + 4 = 16점 ÷ 5 = 평균 3.2점

점수, 이렇게 이해하세요

우리 아이 그릿은 지금 어느 단계일까요?

구분	해석 가이드
2점 미만	**[그릿 씨앗을 심는 단계]** 아직 눈에 띄는 그릿 행동은 많지 않지만, 시작이 늦은 게 아닙니다. 부모의 한마디 응원으로도 큰 힘을 얻습니다.
2~3점 미만	**[그릿 싹이 움트는 단계]** 그릿이 상황에 따라 보이기도, 숨기도 합니다. 자연스러운 과정이니 꾸준히 기회를 주세요. "이번엔 잘 안 됐구나, 다음엔 어떻게 해볼까?"라는 말이 끈기를 키웁니다.
3점 이상	**[그릿 새싹이 자라는 단계]** 그릿이 안정적으로 자라기 시작했습니다. 이제는 도전의 깊이를 더하고, 다음 목표에도 도전할 수 있도록 경험을 확장해 주세요.

그릿 점수는 아이를 단정하거나 평가하기 위한 것이 아닙니다. 지금 우리 아이의 그릿이 어느 정도 모습으로 나타나고 있는지를 살펴보는 참고 자료일 뿐입니다. 유아 발달에는 개인차가 크기 때문에 또래와 비교할 필요가 없습니다. 같은 나이의 아이들이라도 발달 속도와 방식은 모두 다르기 때문입니다.

또한 총점이 낮더라도 특정 영역은 높을 수 있고, 총점이 높아도 어떤 영역은 약할 수 있습니다. 중요한 것은 아이의 강점과 지금 필요한 부분을 이해하는 것입니다.

우리 아이 그릿 강점과 지원이 필요한 부분

유아 그릿 척도는 단순히 점수를 매기는 도구가 아닙니다. 아이의 그릿 강점은 무엇이고, 앞으로 어떤 부분을 조금 더 도와주어야 하는지 알려주는 성장 지도와도 같습니다. 핵심 요소별 점수를 통해 아이의 현재 모습을 이해해 보세요.

호기심과 열정(문항 1~5번)

- 평균 3점 이상 : 적극적으로 놀이와 탐색을 즐깁니다.
- 평균 3점 미만 : 놀이와 탐색에 덜 적극적으로 보일 수 있지만, 이는 아이가 관찰에 더 많은 시간을 쓰고 있다는 의미일 수 있습니다. 아이의 속도에 맞추어 기다려 주며, 작은 호기심이 자라날 수 있는 놀이 기회를 함께 만들어 주세요.

도전과 노력(문항 6~10번)

- 평균 3점 이상 : 어려움 앞에서도 다시 시도하고, 꾸준히 노력하는 모습을 보입니다.
- 평균 3점 미만 : 시도를 망설이거나, 실패를 두려워할 수 있습니다. 작은 성공 경험을 함께 만들어 주며, 격려로 과정을 응원해 주세요.

조절과 적응(문항 11~15번)

- 평균 3점 이상 : 자신의 감정과 행동을 잘 조절하고, 변화에도 유연하게 대응합니다.
- 평균 3점 미만 : 감정이나 행동을 조율하거나 새로운 상황에 적응하는 것을 힘들어할 수 있습니다. 아이의 감정을 먼저 인정해주고, 낯선 상황에 천천히 적응할 수 있는 시간을 주는 것이 도움이 됩니다.

점수는 단순히 높다, 낮다를 평가하기 위한 것이 아닙니다. 어떤 영역은 이미 튼튼하게 자리 잡았고, 어떤 영역은 조금 더 자라날 여지를 가진 상태일 뿐입니다. 아이의 강점은 계속 키워주고, 아직 약한 부분은 기다려 주며 성장할 수 있도록 도와주는 것, 그것이 이 척도를 활용하는 방법입니다.

유아 그릿 척도 개발 이야기

저는 오랜 기간 그릿을 연구하면서, 유아기에도 충분히 그릿이 싹트고 자라난다는 사실을 확인할 수 있었습니다. 그러나 지금까지 널리 쓰이고 있는 그릿 척도는 더크워스 교수가 만든 Grit-O(Original Grit Scale)와 그 축약형인 Grit-S(Short Grit Scale)인데, 이 도구들은 모두 성인을 기준으로 만들어져 그대로 유아에게 적용하기에는 한계가 있습니다.

성인의 그릿은 장기적인 목표를 전제로 하지만, 유아의 목표는 일상의 호기심과 놀이 속 경험에서 자연스럽게 만들어지고 변해 가기 때문입니다. 또한 서구 문화권에서 개발된 척도는 한국 사회의 문화와 교육 환경, 그리고 무엇보다 아이들의 실제 삶을 충분히 반영하지 못한다는 한계가 있었습니다.

이러한 문제의식을 바탕으로 '유아에게 적합하고, 우리 문화에 맞는 척도'를 개발해야겠다는 사명감을 가지고 연구를 시작하였습니다. 문헌 고찰 이후, 현장의 목소리를 담기 위해 수십 명의 유아교사와 부모를 대상으로 인터뷰를 진행하여 아이들의 그릿이 드러나는 실제 순간들을 포착해 보았습니다. 이어 유아교육 전문가 7인으로 구성된

패널의 자문을 두 차례 거치며 문항을 정제했습니다. 이후 전국 단위의 설문조사를 통해 자료를 수집한 뒤, 엄격한 통계 검정 과정을 거쳐 척도의 신뢰성과 타당성을 검증하였습니다.

그 결과, 한국 사회의 문화적 맥락과 유아의 발달 특성이 반영된 한국형 유아 그릿 척도(KP-Grit, Korean Preschool Grit Scale)가 개발되었습니다. 이 척도가 단순한 연구 도구를 넘어, 부모와 교사가 아이의 성장을 함께 바라보고 이끌어 가는 작은 길잡이가 되기를 바랍니다.

제6장

아이의 그릿, 이렇게 키워요

아이를 키우다 보면 이런 고민을 자주 하게 됩니다.

"왜 우리 아이는 질문이 별로 없을까?"
"조금만 어려우면 금방 포기해 버리네."
"화를 내면 스스로 진정하지 못하는데, 괜찮은 걸까?"

사실 이 모든 물음의 밑바닥에는 하나의 공통된 힘이 숨어 있습니다. 바로 그릿입니다. 그릿은 단순히 끝까지 버티는 성격이 아니라, 아이가 세상을 탐색하는 호기심, 시도하고 넘어져도 다시 일어나는 도전과 노력, 그리고 감정을 다스리며 다른 사람과 어울릴 수 있는 조절과 적응이 어우러져 만들어집니다.

이 장에서는 부모가 일상에서 가장 자주 마주하는 질문을 중심으로, 아이의 그릿을 어떻게 키울 수 있을지를 구체적으로 살펴봅니다. 전문 연구와 현장의 사례를 토대로, 부모가 집에서 바로 실천할 수 있는 방법을 함께 담았습니다.

아이의 그릿 발달은 거창한 훈련이 아니라, 작은 질문 하나에 귀 기울이고 바라보며, 울음을 토닥여 주는 순간에서 시작됩니다. 이제 그 순간들을 그릿으로 연결하는 길을 함께 걸어가 봅시다.

호기심과 열정 키우기

궁금한 게 별로 없는 것 같아요

아이를 키우다 보면 부모 마음속에 가장 먼저 자리 잡는 질문이 있습니다. 비교하는 게 안 좋다는 것은 알지만, 다른 아이들은 하루에도 수십 번씩 "이건 뭐야?", "왜?" 하고 묻는다던데 우리 아이는 좋아하는 게 없는 것 같고, "몰라", "그냥"이라고만 대답합니다. '호기심이 부족하거나, 없는 건가?' 혹은 '부모로서 내가 무엇인가 중요한 것을 놓치고 있는 건 아닐까?' 염려가 됩니다.

부모의 마음은 모두 비슷합니다. 아이에게 세상이 신기한 놀이터처럼 느껴지길 바라고, 활발히 탐색하며 호기심을 키워가길 바랍니다. 그런데 아이가 멈춰 서 있을 때 부모 마음도 함께 움츠러듭니다. 그래서 더 재촉하게 되거나 때로는 속상한 마음에 아이에게 화가 나기도 합니다.

호기심이 없어 보이는 이유

호기심이 전혀 없는 아이는 없습니다. 다만, 아이마다 호기심을 표현하는 방식이 다를 뿐입니다. 어떤 아이는 질문을 끊임없이 하지만,

또 어떤 아이는 눈빛이나 몸짓, 혹은 조용히 탐색하는 방식으로 호기심을 드러냅니다. 그래서 아이의 호기심을 '질문을 얼마나 하느냐'라는 기준으로만 판단하면, 아이의 호기심을 놓치고 아이에 대한 오해가 생길 수 있습니다.

아이의 호기심이 겉으로 잘 드러나지 않는 데에는 여러 이유가 있습니다.

첫째, 아이들은 새로운 자극을 받아들이고 행동으로 옮기는 속도가 어른보다 훨씬 느릴 수 있습니다. 어른 눈에는 금세 반응이 없으니 관심이 없는 것처럼 보이지만, 사실은 마음속에서 한참 동안 그 장면을 곱씹고 있을 수 있습니다. 예를 들어, 동화책을 읽을 때 어떤 아이는 바로 "왜?" 하고 묻지만, 또 어떤 아이는 아무 말 없이 조용히 듣다가 몇 시간 뒤, 혹은 다음 날에야 질문을 던집니다. 호기심이 없는 것이 아니라, 표현하는 '속도'가 다를 뿐입니다.

둘째, 아이는 아직 자신의 생각을 언어로 정리하고 표현하는 데 서툽니다. 말한다는 것은 단순히 단어를 나열하는 일이 아닙니다. 내가 무엇을 느끼고, 왜 그런 생각이 드는지를 안에서 먼저 정리한 뒤, 그걸 알맞은 단어로 바꾸어 꺼내야 하지요. 이건 성인에게도 쉽지 않은 일입니다. 그래서 아이는 궁금하다는 마음이 있어도, 그것을 당장 질문으로 표현하지 못하고 눈빛이나 몸짓으로 대신 보낼 수 있습니다.

셋째, 평소 선택할 기회가 적거나, 표현을 해도 늘 부모가 대신 정해 주던 경험이 많은 아이들은 습관적으로 "몰라", "그냥"이라고 대답할 수 있습니다. 이는 관심이 없어서가 아니라, 스스로 탐색하고 선택해 본 경험 자체가 부족하기 때문입니다. "네 마음은 뭐야?", "네가

하고 싶은 건 뭐야?"라는 질문에 바로 대답하지 못하는 것도 같은 이유입니다. 이럴 땐 아이가 자기 안의 마음을 들여다보고 바깥으로 표현할 수 있도록, 부모가 서두르지 않고 기다려 주는 여유가 필요합니다.

마지막으로, 과거의 경험이 호기심 표현을 막기도 합니다. 예전에 용기 내어 질문했다가 무시당했거나, 새로운 것을 시도했다가 혼난 기억이 있다면, 아이는 낯선 상황 앞에서 움츠러들 수 있습니다. '괜히 또 혼날지도 몰라.' 하는 마음이 앞서서, 사실은 궁금한데도 입을 다물어 버리는 것입니다.

호기심 살펴보기

아이들의 호기심은 어떤 모습으로 나타날까요? 호기심은 단순히 '있다, 없다'로 나눌 수 있는 것이 아닙니다. 아이의 연령에 따라 다르게 드러나고, 기질에 따라서도 표현 방식이 달라집니다. 이 차이를 이해하는 것이 부모에게는 무엇보다 중요합니다. 아이의 호기심을 있는 그대로 존중하고 도울 수 있는 첫걸음이 되기 때문입니다.

연령별 호기심, 이렇게 나타날 수 있어요

세 살 무렵의 아이는 말보다 행동으로 먼저 호기심을 표현하곤 합니다. 블록을 쌓았다가 무너뜨리기를 반복하거나, 친구나 교사의 행동을 그대로 따라 하며 새로운 경험을 몸으로 익힙니다. 아직은 "왜?"라는 질문보다는 직접 만져보고 해보는 행동으로 호기심이 드러납니다.

네 살 무렵이 되면 아이는 문장을 자유롭게 구사하게 되면서 질문이 폭발적으로 늘어납니다. 하루에도 수십 번씩 "왜요?", "어떻게요?"라는 질문이 쏟아져 부모는 대답하다 지치기도 합니다. 하지만 이 질문들은 단순한 정보 탐색이 아니라, 부모와 상호작용하고 정서적 유대감을 확인하려는 중요한 표현입니다.

다섯 살 무렵이 되면 이제 질문의 양은 조금 줄어들지만, 몰입과 탐구가 깊어지는 시기입니다. 같은 책을 반복해 보거나 곤충을 오랫동안 관찰하면서, 자신만의 방식으로 탐색을 이어갑니다. 질문보다 집중과 반복 속에서 답을 찾아가는 방식으로 호기심을 드러냅니다.

기질별 호기심, 이렇게 다를 수 있어요

요즘 사람들은 처음 만나면 상대방의 MBTI를 인사처럼 묻곤 합니다. "저는 E예요."라는 대답을 들으면 '외향적이겠구나.', "저는 I예요."라고 하면 '내향적이겠구나.' 하고 성격을 짐작하곤 합니다. 하지만 성격이란 경험과 환경에 따라 달라질 수 있습니다. 어릴 때 낯가림이 심했던 아이가 커서 무대에 서기를 즐기기도 하고, 반대로 활발하던 아이가 사춘기를 지나며 내성적으로 변하기도 합니다.

반면, 기질은 성격보다 훨씬 사람의 마음속 더 깊숙이 자리 잡은 타고난 성향을 말합니다. 기질은 유전적 특성과 태내기 시기 엄마의 감정과 정서, 스트레스, 아빠의 목소리 등의 영향을 통해 선천적으로 가지고 태어납니다. 따라서 기질은 성격과 달리 평생 지속되는 경향성이 강하고, 쉽게 바뀌지 않습니다. 마치 물이 위에서 아래로 흐르는 것과 같은 이치입니다.

하지만 물의 흐름 자체는 바꿀 수 없지만, 우리가 아이의 기질을 이해하고 그에 맞는 환경을 조성하면 마치 물길을 정비하듯 아이의 그릿이 안정적으로 발달할 수 있도록 도울 수 있습니다.

기질을 이해한다는 것은 아이를 틀에 맞추려는 게 아니라, 아이를 이해하기 위한 것입니다. 기질의 유형은 순한 기질, 느린 기질, 민감한 기질로 구분됩니다. 기질에는 좋은 기질, 나쁜 기질이 있지 않습니다. 세상을 탐색하는 렌즈가 각기 다른 것일 뿐이죠. 예를 들어, 어떤 아이는 낯선 곳에서도 금세 친구를 사귀고, 또 어떤 아이는 한참 지켜보다가 조심스럽게 다가가며, 또 다른 아이는 작은 변화에도 울고 웃습니다. 모두가 다른 방식으로 세상을 탐색하는데, 바로 이것이 기질의 힘입니다. 부모가 아이의 기질을 알면, "왜 우리 아이는 이럴까?" 하는 걱정 대신 "우리 아이는 이렇게 호기심을 표현하는구나." 하고 이해할 수 있게 됩니다.

- 순한 기질의 아이 : 조용한 탐험가

순한 기질의 아이는 새로운 상황에도 금세 적응하고 비교적 긍정적으로 반응합니다. 낯선 사람에게도 잘 웃고, 키즈카페에 가도 금방 친구들과 어울립니다. 부모는 키우기 편하다고 생각할 수 있습니다. 하지만 이런 아이들은 차분하고 조용히 탐색하기 때문에 호기심이 없어 보일 수 있습니다. 그러나 실제로는 눈빛과 손끝으로 이미 탐험을 하고 있습니다. 블록을 반복해서 쌓고 무너뜨리거나, 같은 그림책을 여러 번 들여다보는 것이 바로 호기심의 표현입니다. 아이의 시선이 오래 머무는 것이 무엇인지 주목해 보고, "어떻게 생각하니?"라는 질문을 통해 아이의 호기심이 밖으로 나올 수 있도록 도와주세요.

• 느린 기질의 아이 : 예열이 필요한 연구자

느린 기질의 아이는 한 발짝 늦게 움직입니다. 낯선 장난감 앞에서 금세 손을 뻗는 대신, 먼발치에서 한참을 지켜봅니다. 답답하게 보일 수 있지만, 일단 익숙해지고 나면 누구보다 깊이 탐구하고 오랫동안 몰입합니다. 이 아이에게 필요한 것은 시간입니다. "빨리 해."라는 재촉 대신 충분히 지켜볼 시간을 주세요. 아이의 작은 발걸음을 응원하며 천천히 옆에서 지켜보면, 언젠가 아이는 놀라울 만큼 집중력 있는 탐험가로 자랍니다.

• 민감한 기질의 아이 : 레이더가 예민한 탐험가

민감한 기질의 아이는 작은 변화에도 크게 웃고, 또 금세 울기도 하지요. 호기심도 강해서 "왜?", "어떻게?"라는 질문이 폭발적으로 나오지만, 작은 실패 앞에서는 크게 좌절하기도 합니다. 이 아이에게 우선 필요한 부모의 역할은 심리적 안정감을 느낄 수 있는 안전한 기지 역할을 제공해 주는 것입니다. 시끄러운 공간 대신 조용한 환경을 마련해 주고, 다그치기보다 차분히 마음을 조절할 수 있도록 도와주세요. "끈적거려서 싫었구나. 그럼 스펀지로 톡톡 찍어볼까?"처럼 대안을 제시해 준다면, 민감함은 약점이 아니라 강력한 탐험 에너지로 바뀔 수 있습니다.

이처럼 아이들은 저마다의 방식으로 호기심을 드러냅니다. 어떤 아이는 끊임없는 질문으로, 어떤 아이는 조용한 관찰로, 또 다른 아이는 감각에 즉각적으로 반응하며 세상을 탐색하지요. 하지만 공통점은 있습니다. 바로 그릿이 자라고 있다는 것입니다. 질문이 적어 보여도, 시작이 느려 보여도, 반응이 예민해 보여도, 아이는 자기만의 방식으로 세상과 연결되고 있습니다. 작은 호기심이 자라 열정으로 이어질 때, 아이는 놀이와 배움 속에서 스스로 탐색하고 도전할 힘을 기릅니다. 부모가 그 차이를 이해하고 존중할 때, 아이의 호기심은 더 깊어지고 단단해집니다. 염려와 불안에서 벗어나, '우리 아이는 어떤 방식으로 세상을 탐색하고 있을까?'라는 눈으로 바라보는 순간, 아이의 호기심은 부모의 응원 속에서 크게 자랍니다.

호기심을 키우는 부모의 태도

아이가 호기심을 키워가는 만큼, 부모도 자신의 태도를 함께 돌아볼 필요가 있습니다. 아이가 "왜?"라고 물었을 때 어떤 표정을 지었나요? 먼저 "왜 그럴까?"라고 물어본 적이 있나요? 재촉하지 않고 기다려 주었나요? 엉뚱한 시도를 했을 때 "틀렸어."라고 지적하기보다 아이의 생각이 어떤지 물어봐 주었나요?

아이의 호기심을 키워주기 위해 거창한 준비가 필요한 것은 아닙니다. 부모의 작은 태도와 말 한마디가 아이의 눈빛을 반짝이게 하지요. 무엇보다 먼저 필요한 것은 기다려 주는 마음입니다. 질문이 없다고 다그치기보다, 아이가 스스로 탐색할 시간을 보장해 주는 것이 중요합니다. 또 아이의 곁에서 함께 머무르고, 아이와 같은 곳을 함께 바라보는 것만으로도 아이는 자신이 존중받는다고 느낍니다. 단, 비교는 아이의 호기심을 가장 빠르게 꺼뜨리기 때문에 주의가 필요합니다.

새로운 것에 관심을 보이는데 오래 집중하지 못해요

주말에 아이와 마트에 갔습니다. 새 장난감 앞에서 아이의 눈빛이 반짝입니다. "잘 가지고 놀 거지?" 다짐을 받고 사주었지만, 며칠 지나지 않아 구석에 놓여 버립니다. 또 다른 날에는 그림책을 아이와 읽어보고, 아이가 직접 고른 책을 사 보았지만, 몇 번 보더니 금세 덮어버리고 맙니다.

이럴 때 부모 마음은 답답해집니다. 사달라고 조를 땐 언제고, 막상 사주면 금방 시들해 버리는 모습에 속이 상합니다. "도대체 뭘 사주면 오래 가지고 놀까? 이렇게 금방 싫증 내는 아이가 앞으로 학교에 가면 공부는 제대로 할 수 있을까?" 하는 걱정까지 밀려옵니다.

짧아 보이지만 이어지고 있는 탐색

아이가 의지가 부족하거나 집중력이 약해서 금방 시들해지는 걸까요? 여기에서 '짧다', '금방'과 같은 말 속에는 어른의 시각이 담겨 있습니다. 우리는 몇 시간, 혹은 며칠 동안 무언가를 계속하는 것만이 집중이라고 생각합니다. 그래서 우리는 종종 '얘는 왜 이렇게 산만할까?' 하고 걱정이 들기도 합니다.

하지만 이는 마치 아이에게 성인 사이즈의 큰 옷을 입혀 놓고 "왜 이렇게 헐렁하지? 너는 왜 이렇게 작은 거니?"라고 묻는 것과 같습니다. 기준이 아이에게 맞지 않은 것이지, 아이가 부족해서 그런 것이 아닙니다.

발달학적으로 3~4세 아이는 한 활동에 평균 10분, 5세는 15분 정도 집중할 수 있습니다. 그래서 어린이집이나 유치원에서는 동화 듣기, 미술, 신체활동 같은 프로그램 하나를 보통 30분 이내로 계획합니다.

따라서 중요한 것은 '얼마나 오래 했나'가 아닙니다. 아이가 눈빛을 반짝이며 세상에 호기심을 가지고 탐색하고 있었는지가 핵심입니다. 우리가 그 시선을 존중할 때, 아이의 열정과 배움은 끊어지지 않고 자연스럽게 이어집니다.

사례로 보는 아이의 집중과 탐색

아이가 공기청정기 앞에 서서 바람이 나오는 송풍구를 바라보고 있습니다. 송풍구에서 올라오는 바람에 앞 머리카락이 흩날립니다. 아이는 손을 펴서 송풍구 위에 손바닥을 올려봅니다.

골판지(택배 상자의 두꺼운 종이)를 가져와 송풍구 위에 이리저리 방향을 돌려 올려봅니다. 이번에는 유산지(요리할 때 사용하는 얇은 종이)를 가져와 송풍구 위에 올려놓습니다. 유산지가 송풍구에서 나오는 바람에 날아갑니다. 그러자 아이는 "우와~" 하고 말하며, 손뼉을 칩니다.

종이와 색연필을 꺼내 선풍기를 그립니다. 선풍기를 그린 다음 그림 위로 둥글둥글 동그라미를 덧그리며 "바람이 불어요~ 빙글빙글~ 쌩~ 쌩~" 하고 말합니다.

블록을 가지고 동그라미를 만들고 손잡이를 단 다음 "선풍기예요. 선풍기에서 바람이 쌩~ 쌩~ 하고 나와요~"라고 말합니다. 이번에는 오색끈을 길게 연결하여 손에 들고 몸을 돌리며 "쌩~ 쌩~" 하고 함박웃음을 지으며 뱅글뱅글 돌아봅니다.

약 1시간 동안 아이의 놀이를 좇아가 보며 기록한 내용입니다. 겉으로 보면 아이의 관심은 짧게 이리저리 옮겨 간 것처럼 보입니다. 그러나 그 안을 자세히 들여다보면 '바람'이라는 하나의 주제가 이어지는 것을 알 수 있습니다.

아이들은 세상을 먼저 몸으로 경험합니다. 처음 아이는 우연히 공기청정기에서 불어오는 바람에 머리카락이 흩날리는 경험을 했습니다. 그 순간 '이게 뭐지?'라는 질문이 시작된 것입니다. 우리 눈에 보이지는 않지만 분명 자신의 머리카락을 흩날리고, 피부에 닿았던 '바람'을 신체의 감각을 통해 탐색하기 시작한 것입니다.

곧이어 아이는 골판지를 가져와 송풍구 위에 올려 놓습니다. 하지만 움직이지 않았습니다. 아이에게는 의문이 생겼습니다. '분명 바람이 있는데, 왜 이건 안 움직이지?' 골판지가 움직이지 않아 이번엔 다른 시도를 합니다. 더 가벼운 유산지를 올려놓았고, 유산지가 바람에 날아가는 모습을 보고 "우와!" 하며 손뼉을 칩니다. 이는 단순한 놀라움이 아니라, 자신의 예측이 맞아떨어졌다는 기쁨입니다. 즉, 아이는 '종이도 내 머리카락처럼 바람에 날릴 거야.'라는 나름의 가설을 세우고 실험을 통해 확인한 것이지요. 아이들은 이렇게 유능한 과학자의 자질을 모두가 가지고 태어나, 이 세상을 탐구합니다.

이번에는 아이가 선풍기를 그립니다. 눈에 보이지 않던 바람을 눈에 보이는 상징으로 표현한 것입니다. 동그라미와 선을 겹겹이 그리며 "씽~ 쌩~" 소리를 내는 모습 속에는, 보이지 않는 것을 그려내고 소리로 재현하며 개념화하려는 힘이 담겨 있습니다. 놀이의 확장은 여기서 멈추지 않았습니다. 블록을 이용해 선풍기를 만들고, 끈을 연결해 스스로가 선풍기가 되어 빙글빙글 돌며 바람을 만들어 봅니다. 이제 아이는 단순히 바람을 관찰하는 것을 넘어, 자신이 바람이 되어 보며 놀이를 확장하고 있습니다.

이처럼 일련의 과정을 따라가 보면, 아이의 행동은 단순한 변덕이나 산만함이 아니라 '감각으로 경험하고 → 실험으로 확인하고 → 그림으로 상징화하고 → 놀이로 재현하며 → 몸으로 표현하는' 탐구가 단계적으로 확장되고 있음을 알 수 있습니다.

이처럼 같은 장면을 보더라도 우리가 아이를 바라보는 관점에 따라 아이의 집중이 짧다고 생각할 수도 있고, 하나의 관심이 점점 넓어지고 있다고 이해할 수도 있습니다. 관점에 따라 아이의 같은 행동이더라도 전혀 다르게 보이는 것입니다. 겉으로는 짧게 옮겨 다니는 것처럼 보일지라도, 그 안에는 분명히 이어진 집중과 호기심의 흐름이 있습니다. 이것이 바로 아이가 세상을 배우는 방식으로, 아이는 탐색의 폭을 넓히면서도 자기만의 집중의 깊이를 키워갈 수 있는 것입니다.

부모의 말 한마디, 아이의 집중력이 자랍니다

아이의 짧은 집중을 산만함으로 볼지, 새로운 탐색으로 볼지는 부모의 태도에 달려 있습니다. 부모가 시선을 조금만 바꾸면, 짧은 몰입도 충분히 의미 있는 경험이 됩니다. 무엇보다 중요한 건 그 순간을 인정해 주는 것입니다. 그리고 부모는 아이의 탐색을 이어주는 연결 다리가 될 수 있습니다. 그림책을 몇 장 보다 덮으려 한다면, "네가 읽겠다고 가져온 거잖아. 끝까지 읽어야지."라고 말하기보다, 지금 그림책의 장면을 아이와 함께 불러내 보세요. 만약 토끼가 어디로 가고 있는 중이었다면, "여기 토끼가 지금 어디로 가는 걸까?" 하고 물어 그 다음을 계속 상상할 수 있도록 도와주세요.

아이에게는 함께하는 힘도 큰 자양분이 됩니다. 혼자보다 부모와 혹은 친구와 함께할 때 아이는 훨씬 오래 집중합니다. 혼자서 끝까지 해내야 한다는 부담을 주기보다, 함께 탐색하고 대화하는 시간을 자주 마련해 주세요.

부모의 태도가 달라지면 아이의 호기심은 꺼지지 않고 더 크게 타오릅니다. 오늘은 3분이던 집중이 내일은 5분, 모레는 10분으로 늘어날 수 있습니다. 짧은 몰입을 존중해 줄 때, 그 작은 순간들이 쌓여 끈기와 지속력이라는 힘으로 확장됩니다.

호기심은 순간의 반짝임에서 시작해 열정으로 이어지고, 더 큰 도전과 노력으로 자랍니다. 부모가 불안과 걱정 대신 '이 작은 관심이 어떻게 이어질 수 있을까?'라는 시선으로 바라볼 때, 아이는 점차 단단한 힘을 갖게 됩니다.

호기심은 단순한 관심이 아닙니다. 모든 배움의 출발점이며, 결국 아이의 삶을 붙잡아 주는 힘, 그릿으로 이어집니다.

한 가지 놀이만 계속하는 아이, 괜찮은 걸까요

요즘 예지는 애니메이션 넘버블록스(Numberblocks)에 푹 빠져 있습니다. 아침에 눈을 뜨자마자 숫자 노래를 부르고, 예지의 유치원 가방에는 넘버블록스 캐릭터 인형이 달려 있습니다. 숫자 캐릭터 이야기로 하루를 시작하고, 블록쌓기, 모형조립, 그림 그리기 등 여러 놀이에서 넘버블록스와 연결되어 있습니다.

처음에는 '우리 아이가 숫자에 관심이 많구나, 똑똑하네~'라며 흐뭇했습니다. 하지만 시간이 지나면서 '집에 다른 책이랑 놀잇감도 많은데, 왜 이것만 계속하려고 하지? 혹시 발달에 문제가 있는 건 아닐까?' 조금씩 걱정이 고개를 듭니다.

반복을 통한 배움

아이가 한 가지 놀이에 오래 머무른다고 해서 모두 문제가 되는 것은 아닙니다. 대부분은 아이가 잘 자라고 있다는 신호일 때가 많습니다. 아이들은 같은 책을 수십 번 읽기도 하고, 같은 놀이를 매일 이어가기도 합니다. 왜 이미 다 아는 내용의 책을 읽고 또 읽는지, 같은 놀이를 매일 하는지 잘 이해되지 않습니다. 하지만 이러한 반복은 아이들의 발달 과정 중 자연스럽게 나타나는 모습입니다. 왜냐하면 아이들은 반복을 통해 세상을 이해하고 배우고 있는 중이기 때문입니다.

사실 같은 놀이를 되풀이하는 듯 보이지만 그 안을 살펴보면 매번 조금씩 다른 시도를 하는 것을 알 수 있습니다. 앞에서 아이가 넘버블록스 숫자 놀이를 매일 반복한다는 것은 숫자와 패턴을 자기 방식대로 이해하고, 그 개념을 머릿속에 정립해 가는 중인 것입니다. 그리고 같은 그림책을 계속 보는 것도 마찬가지입니다. 같은 이야기더라도 두 번째엔 처음에는 몰랐던 인물의 표정이 보이기 시작하고, 세 번째에는 그 표정이 이야기의 흐름과 어떤 관계가 있는지 알게 되는 것이죠. 아이는 반복 속에서 패턴을 인지하고 연결하며, 사건을 점차 더 큰 입체적인 그림으로 완성해 나가는 것입니다.

좋아하는 책이 구겨지고 해어질 때까지 이미 다 아는 내용의 책을 여러 번 본다는 것은, 책에 새겨진 사용 흔적만큼 아이 마음속에도 배움의 흔적이 깊게 새겨지고 있는 것입니다. 반복은 배움이 단단해지는 과정이자, 세상을 이해해 나가는 방법입니다. 겉으로는 똑같거나 비슷해 보이지만, 아이의 머릿속에서는 작은 변화가 계속 일어나고 있습니다. 마치 연필로 한 번만 긋는 선은 희미하지만, 여러 번 덧그리면 진해지는 것과 같습니다.

반복과 집착, 중독의 구분

- 집착

집착은 반복과 달리, 탐색의 폭이 닫히는 모습을 말합니다. 익숙한 활동은 아이에게 안정감을 줍니다. 하지만 익숙한 것 혹은 자신이 고집하는 하나의 패턴만 지나치게 고수한다면, 새로운 배움을 얻거나 또래와 함께 어울리기 힘들 수 있습니다.

집착은 발달의 중요한 과제인 '탐색과 확장'을 멈추게 만들 수 있습니다. 아이가 세상을 넓히고 다양한 기술을 배우는 중요한 기회인데, 집착이 지나치면 이 기회들이 닫히게 되는 것이지요. 또한 집착은 아이의 자율성을 좁히는 결과를 가져올 수 있습니다. 늘 같은 패턴만 고수하다 보면 예상치 못한 변화에 적응하는 힘이 약해질 수 있습니다.

겉으로 보면 반복과 집착은 비슷해 보이지만, 다음과 같은 차이가 있습니다.

반복은 열려 있습니다. 같은 놀이를 해도 매번 조금씩 다르게 시도합니다. 블록을 쌓을 때도 오늘은 더 높이, 내일은 색깔을 바꾸어 보는 식으로 변화를 줍니다. 또래가 다가오면 "같이 하자." 하고 놀이를 넓히기도 합니다. 즉, 반복 속에는 탐색과 확장이 숨어 있습니다.

하지만 집착은 닫혀 있습니다. 한 가지 방식만 고수하고, 다른 제안을 받아들이지 못합니다. 블록을 늘 똑같은 모양으로만 쌓고, 다른 아이가 다가오면 화를 내며 거부한다면, 이는 집착일 가능성이 큽니다. 놀이가 확장되기보다 오히려 고립되는 방향으로 흐르는 것입니다.

반복은 아이의 세계를 넓히지만, 집착은 아이의 세계를 좁게 만듭니다. 그렇다면 아이의 행동이 집착처럼 보일 때, 우리는 아이를 어떻게 도와줄 수 있을까요? 먼저, 아이의 안정감을 지켜주세요. 집착은 아이가 불안해서 안정감을 찾으려는 신호일 수 있습니다. 따라서 무조건 "그만해!"라고 제지하기보다, 아이가 좋아하는 놀이를 일정 부분 존중해 주세요. 아이가 안전하다고 느껴야 새로운 시도로 나아갈 힘이 생깁니다.

둘째, 작은 변화를 살짝 불어넣어 주세요. 집착이 굳어지지 않도록, 놀이 안에 작은 변화를 넣어보세요. 예를 들어, 블록만 고집한다면 "이번엔 블록으로 다리를 만들어 볼까?" 하고 기존과 비슷하지만 약간 변형된 놀이를 제안해 주세요. 아이는 익숙한 안정감 속에서 새로운 시도를 받아들일 수 있습니다.

셋째, 놀이를 확장하는 연결 고리를 찾아주세요. 아이가 넘버블록스만 본다면, 억지로 보지 못하게 하기보다 블록 놀이, 그림 그리기, 수 세기 등 다양한 활동으로 연결해 놀이하게 해주세요. 좋아하는 관심사에서 출발하면, 아이는 자연스럽게 다른 경험으로 확장할 수 있습니다.

• 중독

중독은 단순한 반복이나 집착을 넘어, 놀이가 일상생활을 방해하는 단계입니다. 식사, 수면, 또래 관계까지 영향을 준다면 이는 더 이상 자연스러운 발달 과정으로 볼 수 없습니다. 아이가 스스로 놀이를 전환하거나 멈추는 힘이 부족해지고, 결과적으로 생활 전반이 흔들리게 됩니다.

요즘 부모들이 가장 크게 걱정하는 것은 디지털 미디어 중독입니다. 여기서 중요한 점은 스마트 기기 자체가 문제가 아니라, 그것을 어떻게 사용하고 어떤 방식으로 활용하느냐에 있다는 것입니다. 아이가 화면에 머무르는 방식과 시간이 우리가 해결해야 할 진짜 숙제입니다.

특히 숏폼 콘텐츠는 성인보다 아이에게 훨씬 더 치명적일 수 있습니다. 숏폼은 아이와 부모가 함께 대화하고 놀이하는 시간을 빼앗고, 또래와 어울릴 기회를 줄여 버립니다. 동시에 아이의 뇌를 점점 더 강한 자극에 길들이는 특성이 있습니다. 짧은 시간 안에 화려한 색감, 빠른 장면 전환, 자극적인 소리 효과가 반복되면서 아이는 금세 익숙해지고, 이전보다 더 강한 자극을 찾게 됩니다. 그 결과 그림책 읽기나 블록 놀이처럼 차분하고 느린 활동은 지루하게 느껴지고, 오래 집중하기 어려워집니다. 이는 결국 아이가 깊이 탐구하고 끈기 있게 배우는 힘을 약화시킵니다.

우리나라 어린이의 하루 평균 미디어 이용 시간은 약 3시간으로 이는 세계보건기구(WHO) 권고 기준의 약 3배에 달하는 수치입니다. 문제는 미디어의 과한 시청으로 인하여 부모와의 눈맞춤 · 대화 · 놀이 시간이 줄어든다는 데에 있습니다.

혹시 "나는 아이와 같이 보니까 괜찮겠지?"라고 생각하실 수 있습니다. 그러나 실제로는 그렇지 않습니다. 부모와 아이의 시선이 모두 화면에 묶여 서로의 얼굴을 바라보는 시간이 줄고, 아이가 질문을 던지려 해도 영상은 이미 다음 장면으로 넘어갑니다. 그림책처럼 "이건 왜 이렇게 생겼을까?", "다음에는 무슨 일이 일어날까?" 하고 주고받는 대화가 사라지고 있는 것이지요. 아이는 부모의 표정, 손짓, 목소리 톤 같은 비언어적 신호를 통해 사회적 소통을 배우는데, 화면이 중심이 되면 이런 기회도 줄어듭니다. 결국 눈 맞춤 – 대화 – 놀이의 순환이 끊어지고, 이는 언어 발달과 사회성 발달에 직접적인 영향을 미칩니다.

이처럼 빠른 자극과 즉각적인 보상에 길들여진 아이들은 점차 느리고 반복적인 학습 활동을 견디기 어려워합니다. 새로운 과제를 만났을 때 쉽게 포기하게 되는 것도 이와 연결되어 있습니다.

따라서 중독은 단순한 습관 문제가 아니라, 발달 전체를 흔드는 위험 신호입니다. 부모와 교사가 함께 사용 시간을 조율하고, 필요하다면 전문가의 도움을 받는 것도 필요합니다. 무엇보다 중요한 것은 단순히 시간을 줄이는 것이 아니라, 그 시간을 무엇으로 채우느냐입니다. 최신 유행의 장난감을 사주는 것보다, 부모와 아이가 함께 산책하고, 놀이하고, 밥을 먹으며 하루의 소소한 이야기를 나누는 시간이 아이에게는 더 좋은 자양분이 됩니다. 결국 이런 평범하지만 부모와 함께하는 즐겁고 따뜻한 경험이야말로 아이의 건강한 발달을 지켜주는 핵심입니다.

전문가들 역시 아이의 발달을 진단할 때 단편적인 모습만 보지 않고, 다양한 맥락과 과정을 신중히 살펴봅니다. 요즘은 아이가 잘 자라고 있는지를 확인하거나, 이미 잘 자라고 있더라도 더 나은 지원과 조언을 얻기 위해 발달검사나 상담을 받는 경우가 많습니다. 그러므로 혹시 아이의 행동이 집착이나 중독처럼 보여 마음이 무겁다면, 혼자서만 고민하기보다 전문가와 상의해 보시기 바랍니다. 이는 불안을 키우는 것이 아니라, 아이의 건강한 성장을 지켜주는 든든한 선택이 될 수 있습니다.

반복을 성장으로 연결하는 방법

• 반복 놀이를 존중해 주세요

아이의 반복 놀이를 어떻게 보셨나요? "너는 왜 그것만 하니? 다른 것도 좀 해!"라며 조급해하지는 않았나요? 그 속에서 아이가 작은 변화를 시도하는 모습을 발견하셨나요? '정말 좋아하는구나.'라고 생각해 보시고, 아이의 놀이를 있는 그대로 존중해 주셨나요? 오늘의 똑같아 보이는 시도가 내일은 조금 다른 탐구로 이어질 수 있다는 점을 꼭 기억해 주세요.

• 작은 변화를 불어넣어 주세요

아이의 놀이가 반복될 때, 부모가 곁에서 작은 변화를 살짝 더해줄 수 있습니다. 예를 들어, 아이가 블록을 매번 똑같은 방식으로만 쌓으려 한다면, 세계의 다양한 건축물이 담긴 책을 함께 보며 "이 건물은 지붕이 둥글구나.", "이 탑은 뾰족하게 올라갔네." 하고 이야기를 나누어 보세요. 그리고 부모가 책 속 건물 모양을 직접 블록으로 쌓아보는 것도 좋습니다. 아이는 부모의 시도를 지켜보다가 자연스럽게 호기심을 느끼고, 스스로 새로운 변화를 시도하게 됩니다.

이때 중요한 것은 놀이의 주도권이 아이에게 있다는 점입니다. "엄마처럼 이렇게 쌓아봐."라고 지시하기보다, 옆에서 자연스럽게 확장의 기회를 열어주는 것이 필요합니다. 이렇게 하면 아이는 익숙한 안정감 속에서도 탐구의 폭을 넓혀 갈 수 있습니다.

• 올바른 미디어 사용 지도

세계보건기구(WHO)와 미국소아과학회(AAP)는 2세 미만은 화면 노출을 피하고, 2~5세는 하루 1시간 이하의 양질의 콘텐츠를 부모와 함께 시청할 것을 권장하고 있습니다.

하지만 오늘날 스마트 기기와 미디어는 이미 우리의 생활 깊숙이 들어와 있습니다. 그렇기에 단순히 보여주지 않는다거나 무조건 금지하는 방식은 더 이상 현실적인 해답이 되지 못합니다. 이제는 언제부터 혹은 얼마나보다 '어떻게' 활용해야 하는지가 더 중요해졌습니다. 부모의 역할은 아이가 미디어를 안전하고 건강하게 사용할 수 있도록 길을 잡아주는 것입니다. 그렇다면 구체적으로 어떻게 해야 할까요?

첫째, 흐름을 존중해 주세요. "약속한 시간이 다 됐으니 이제 꺼야지!" 하며 영상을 중간에 갑자기 끊어 버리면, 아이는 언제든 영상이 멈출 수 있다는 불안감을 느낄 수 있습니다. 집중해서 보며 다음 장면을 기대하던 순간이 깨지면 분노로 이어지기도 하지요. 대신 "이 영상이 끝나면 정리하자."처럼 마무리를 미리 알려주세요. 아이는 끝맺음을 예측할 수 있을 때 훨씬 안정적으로 전환할 수 있습니다.

둘째, 함께 보되, 흐름을 방해하지 마세요. 아이가 혼자 영상을 보는 것보다 부모가 함께 보는 것이 좋습니다. 다만, 영상이 진행되는 도중 자꾸 멈추며 설명하는 것은 오히려 아이의 몰입을 방해해 짜증을 불러올 수 있습니다. 대신 영상이 끝난 직후나 다음 편으로 넘어가기 전의 짧은 틈을 활용하세요. 그때 "아까 악당을 혼자 물리치던 장면 봤지? 현실에서는 어떻게 해야 안전할까?" 하고 대화를 나누거나, "우리 블록으로 방금 나온 집을 만들어 볼까?" 하고 놀이로 이어주면 좋습니다. 아이는 몰입을 방해받지 않으면서도 경험을 확장할 수 있습니다.

이처럼 반복은 발달의 자연스러운 과정이며, 아이가 몰입과 성취를 경험하는 통로입니다. 그러나 집착은 새로운 경험을 가로막는 신호일 수 있고, 중독은 발달을 해칠 수 있는 위험 단계입니다. 부모가 이 세 가지를 구분해 바라볼 때, 아이의 행동은 단순한 고집이 아니라 성장의 의미 있는 과정으로 이해될 수 있습니다. 그리고 이러한 반복 경험은 결국 도전과 노력, 조절과 적응으로 확장되는 힘, 즉 유아 그릿으로 이어집니다.

조급함과 걱정부터 잠시 내려놓고, 아이의 마음을 읽으며 천천히 함께 탐색해 보세요. 믿음으로 바라보며 함께하는 시간 속에서, 아이의 호기심은 세상을 향해 펼쳐지고, 그 안에서 그릿은 천천히 그러나 단단하게 자라납니다.

도전과 노력 키우기

조금만 어려워도 바로 포기해요

블록을 쌓다가 생각처럼 안 되거나 무너져 버리면 "안 할래!" 하며 울어 버립니다. 그림을 그리다 선이 튀어나오거나 원하는 모양이 그려지지 않으면 "안 할래!" 하며 종이를 구겨버립니다.

'왜 이렇게 쉽게 포기하지? 앞으로 공부나 다른 일도 이렇게 금방 그만두면 어쩌지?' 염려스러운 마음이 듭니다.

쉽게 포기하는 아이의 마음 들여다보기

현장에서 보면 요즘 아이들은 예전보다 훨씬 쉽게 포기하고 성인에게 의지하는 모습을 보입니다. 조금만 힘들거나 어려워도 "못 해요." 하며 울음을 보이거나, 말 대신 떼를 쓰며 상황을 해결하려 하는 경우가 많아졌습니다. 어려서부터 스스로 해볼 기회를 충분하게 가지지 못하다 보니, 도움을 받는 것에 너무 익숙해져 작은 불편도 스스로 감당하는 힘을 기르지 못한 것입니다.

그렇다면 요즘 아이들은 왜 이렇게 쉽게 포기하게 된 것일까요?

미국에서 시작된 아이의 자존감을 높여주자는 교육의 흐름은 2000년대 초반 우리나라에 전해졌습니다. 여기에 상처받지 않는 아이로 키우자는 부모의 마음이 더해지면서, 아이가 힘들어하거나 좌절하는 모습을 되도록 보지 않으려는 사회적 분위기가 형성되었습니다.

그 결과, 부모는 아이가 힘들어할까 혹은 아이가 하는 것보다 부모가 직접 해주는 것이 빠르고 편하다는 이유로 먼저 도움의 손길을 내밀었습니다. 요즘 아동화 매장에는 끈 운동화 대신 찍찍이(벨크로) 운동화가 자리 잡았으며, 아동복은 단추 대신 똑딱이 단추나 고무줄 밴드로 바뀌었습니다. 놀이터에서는 정글짐과 모래가 위험하다는 이유로 자취를 감추고, 안전하게 놀 수 있는 낮은 미끄럼틀과 우레탄 바닥이 들어섰습니다. 학교에서도 경쟁과 좌절을 줄이겠다며 참가상을 도입하였으며, 도전적인 활동은 점점 줄어들었습니다.

발달심리학자 에릭슨은 유아기를 주도성이 자라는 시기라고 설명합니다. 이 시기 아이들은 스스로 시도하고 때로는 실패도 경험하면서 '나는 할 수 있다.'는 자기 자신에 대한 긍정적인 믿음을 키워갑니다. 그런데 아이가 어려움을 만날 때마다 누군가 대신 해결해 주거나 스스로 생각할 시간을 미처 갖기도 전에 곧바로 개입해 버리면 어떻게 될까요? 아이는 주도성을 배우기보다 '나는 못 해.'라는 무력감을 먼저 배우게 됩니다. 연구에서도 실패와 좌절을 반복하여 겪은 아이들이 그렇지 않은 아이들보다 문제 해결 능력과 자기 효능감이 더 높게 나타났습니다.

당장은 편하고 안전해 보이지만, 아이 마음속 모험심의 불씨는 이렇게 조금씩 꺼져가고 마는 것입니다. 스스로 해보는 대신 누군가 해

주기를 기다리게 되고, 조금만 어려운 일 앞에서도 쉽게 포기하는 습관이 자리 잡습니다. 결국 그릿을 키울 소중한 기회도 사라지게 됩니다.

그릿이 자라려면, 실패를 직접 겪고 다시 시도해 보는 경험이 반드시 필요합니다. 블록이 무너져도 용기 내어 다시 세워보고, 운동화 끈이 잘 묶이지 않더라도 몇 번이고 스스로 다시 시도하는 것. 바로 이런 도전과 노력의 순간들이 아이의 그릿을 자라나게 합니다.

아이가 힘들어하는 모습을 보면 얼른 도와주고 싶은 것이 부모의 마음입니다. 하지만 그 순간마다 대신해 주거나, 아이가 어려워하는 걸 뒤로 미루고 잘하는 것만 하게 한다면, 아이는 도전할 기회를 잃고 맙니다. 신발끈을 못 묶는다고 늘 찍찍이 운동화만 신게 하면 결국 끈 묶기를 배우지 못할 수도 있습니다. 처음엔 서툴고 시간이 걸리지만, 아이가 직접 해내는 작은 시도들이 모여 결국 '포기하지 않는 힘'을 길러 줍니다.

쉽게 포기하는 아이라는 겉모습 뒤에는 발달적 · 환경적 맥락이 숨어 있습니다. 부모는 아이가 쉽게 포기하는 모습을 볼 때, 단순히 의지가 약하다고 단정하기보다 이렇게 물어야 합니다. '이 아이에게 어떤 경험과 환경이 부족했을까?', '나는 아이에게 어떤 반응을 보여왔을까?'라고 말입니다.

포기와 도전은 아이 발달의 양면적인 모습입니다. 망설이거나 어려워하는 것은 배우고 익히는 과정 중 나타나는 자연스러운 모습으로, 아이는 넘어져도 다시 일어설 수 있는 힘을 가지고 있습니다. 부모가 이 점을 이해할 때, 아이는 실패를 두려움이 아니라 성장의 일부로 받아들이며 한 걸음 더 나아갈 힘을 얻게 됩니다.

이때 부모의 시선은 아이에게 결정적인 힘이 됩니다. "또 포기했어?"라고 하기보다 "오늘은 여기까지 해냈구나." 하고 바라봐 주세요. 잠시 멈춘 것 같아도, 그 순간까지의 시도는 분명 의미 있는 도전입니다. 작은 실패를 경험하도록 지켜봐 주고, 그것을 성장의 일부로 받아들이게 돕는 것. 그것이 부모의 역할입니다. 실패는 성장을 가로막는 적이 아니라, 도전을 이어주는 다리입니다.

도전하는 용기를 키워주는 방법

• 시도 그 자체를 인정해 주세요

아이가 퍼즐을 맞추다 잘 안 되어 멈추었을 때, "벌써 포기했어?"라는 말은 아이의 마음을 더 움츠러들게 만듭니다. 대신 "퍼즐을 맞추려고 열심히 했구나. 그런데 잘 안 돼서 속상했구나." 하고 먼저 아이가 노력한 사실을 인정하고, 그 과정에서 느꼈을 아이의 감정을 읽어주세요.

시도와 감정이 함께 존중받을 때, 아이는 '내가 노력한 건 가치가 있는 것이구나.' 하고 자부심을 느끼며 다시 도전할 힘을 얻게 됩니다.

• 실패가 끝이 아님을 알려주세요

아이가 어떤 일을 잘 못해서 속상해할 때, 부모는 무심코 "괜찮아, 못할 수도 있지.", "대신 넌 다른 걸 잘하잖아."라고 위로하곤 합니다. 하지만 이런 말은 당장은 마음을 달래줄 수 있지만, 실패를 스스로 마주하고 극복하는 경험을 가로막을 수 있습니다. 아이는 '실패는 빨리 잊어야 하는 것' 혹은 '못하는 걸 굳이 다시 할 필요가 없어.'라고 배울 수 있습니다. 따라서 실패를 성장으로 연결하려면, 단순한 위로보다 다시 시도할 수 있도록 이끄는 대화가 필요합니다.

예를 들어, 퍼즐이 잘 안 맞아 속상해하는 순간에 이렇게 말해줄 수 있습니다.

- "퍼즐이 잘 안 맞아서 속상했구나." → 감정 공감
- "왜 안 맞았을까 같이 생각해 볼까?" → 원인 탐색
- "조각의 방향을 돌려보는 건 어때? 다시 해볼까?" → 대안 제시와 재도전

이처럼 아이의 노력과 감정을 함께 인정하고, 문제 해결로 이어지게 돕는 대화가 있을 때, 실패는 더 이상 피해야 할 사건이 아니라 다시 시도할 수 있는 도전의 기회가 됩니다.

• 작은 도전부터 시작하게 도와주세요

아이에게 처음부터 큰 목표를 주면 금세 포기하기 쉽습니다. 따라서 감당할 수 있는 작은 도전부터 시작하도록 환경을 마련해 주는 것이 필요합니다.

예를 들어, 운동화 끈 묶기를 가르칠 때는 처음부터 혼자 완벽히 묶게 하기보다 마지막 리본 매듭 부분만 아이가 해보도록 해 주세요. 익숙해지면 점차 그 앞 단계를 스스로 하게 하면 됩니다. '한 번에 다'가 아니라 '조금씩 나누어' 배우는 것입니다. 조립 장난감도 마찬가지입니다. 처음에는 간단한 블록 맞추기에서 시작해 점차 더 난도가 높은 복잡한 세트로 확장해 가면, 아이는 성취감을 경험하며 차근차근

성장할 수 있습니다.

아이에게 지금 필요한 것은 거창한 결과가 아니라 스스로 해냈다는 작은 성취의 경험입니다. 작은 성공이 쌓이면 도전을 즐길 힘이 생기고, 이것이 더 큰 도전으로 이어지는 디딤돌이 됩니다.

• 부모가 도전하는 모습을 보여주세요

아이들은 부모의 말을 듣기보다 삶을 대하는 태도를 보고 배웁니다. 부모가 무언가를 새로 배우고, 안 되더라도 다시 시도하는 모습은 그 자체로 살아 있는 교육입니다. 취미나 운동을 시작했다면 꾸준히 이어가는 모습, 피곤해도 가족과의 약속을 지키려는 모습은 아이에게 롤 모델이 되어줍니다.

대단한 도전을 의미하지 않습니다. 일상 속에서 작은 시도를 멈추지 않는 태도, 실패해도 다시 해보려는 태도, 그것이 이미 아이에게는 도전과 노력의 좋은 모델이 됩니다. 아이는 이런 모습을 보며, 도전은 거창한 일이 아니라 매일의 작은 선택과 행동 속에 있다는 것을 배웁니다. 부모가 실패와 도전을 대하는 태도는 고스란히 아이의 태도로 이어집니다.

아이가 쉽게 포기하는 모습은 의지가 약해서가 아니라 아직 실패를 감당하는 힘이 충분히 자라지 않았기 때문입니다. 부모가 아이의 시도를 인정해 주고, 실패를 성장의 일부로 받아들이도록 도와줄 때, 아이는 다시 해볼 수 있다는 용기를 얻게 됩니다. 작은 시도와 작은 실패, 그리고 다시 시도하는 과정 안에서 아이는 도전해 보는 용기와 포기하지 않고 끝까지 해내고자 노력하는 힘을 조금씩 키워가게 됩니다.

시작은 하지만 끝까지 마무리하지 못해요

아이들은 스스로 목표를 세우고 의욕적으로 출발합니다. "오늘은 블록으로 로켓을 만들 거야!", "이 책을 끝까지 읽을 거야!", "노래를 다 불러볼래!" 하고 당차게 시작하지요. 그런데 문제는 목표와 실행은 있었지만, 그것을 끝까지 끌고 가는 힘이 약하다는 점입니다. "로켓을 만들 거야!" 하며 의욕적으로 시작했지만, 조금 만들다 금세 다른 놀이로 옮겨가고, 노래를 부르다가 중간에 가사가 막히면 "안 부를래~" 하고 멈추고 맙니다. 그리고 책을 읽다 모르는 글자가 나오자 "나는 못 읽어…"라고 울먹이며 책을 덮어 버리기도 합니다.

부모는 이런 모습을 보며 속으로 생각합니다. '목표는 잘 세우는데, 왜 끝까지 이어가지 못할까? 끈기가 부족한 건 아닐까?' 답답하면서도, 울먹이는 아이 모습을 보면 안쓰럽고 속상한 마음이 듭니다.

아이가 끝맺음을 어려워하는 이유

3~5세 유아기는 자기 주도적으로 하고 싶은 일을 정해보고, 계획을 세우는 힘이 막 자라나는 시기입니다. 이 시기 아이들은 상상력과 호기심이 풍부하고, 또래와의 상호작용 속에서 "나도 해볼래!" 하는 동기가 강하게 일어나는 시기입니다. 그래서 "이거 해보고 싶어!", "오늘은 여기까지 해볼래!"라며 스스로 목표를 세우는 모습이 활발히 나타납니다.

하지만 아이들이 목표를 세운다고 해서 곧바로 끝까지 완성할 수 있는 것은 아닙니다. 시작은 의욕적으로 하지만, 마무리 단계까지 이르지 못하고 그만두는 경우가 훨씬 많습니다. 왜냐하면 마무리에는 계획을 세우는 것보다 더 복잡한 힘이 필요하기 때문입니다.

- 놀이를 이어가기 위해 주의 집중을 유지하는 힘
- 퍼즐 조각이 맞지 않거나, 줄넘기가 자꾸 걸릴 때 느끼는 좌절을 버티는 힘
- '조금만 더 해보자.' 하고 스스로를 다독이며 밀고 나가는 지속력

이런 힘들은 유아기에 막 발달하기 시작하는 중이라 아직은 미숙합니다. 특히 목표를 기억하고, 주의를 집중하며, 충동을 조절하는 능력은 뇌의 전두엽이 담당하는데, 이 부분은 3~5세에 빠르게 자라지만 청소년기까지 서서히 발달해 갑니다. 그래서 아이들은 목표는 잘 세우지만, 그 목표를 끝까지 이어가는 힘은 아직 덜 자랐기에 중간에 멈추거나 흐지부지 마무리하게 되는 모습을 보이는 것입니다.

발달심리학에서는 아이가 스스로 세운 목표를 기억하고 끝까지 이어가도록 돕는 힘을 실행 기능이라고 부릅니다. 이는 아이가 스스로 세운 목표를 기억하고 끝까지 이어가도록 돕는 힘입니다. 중요한 것은, 이 힘이 타고난 성격이 아니라 경험과 습관을 통해 충분히 길러질 수 있다는 점입니다.

퍼즐을 끝까지 맞추고, 책을 덮는 순간까지 읽어보고, 놀이 후 장난감을 제자리에 두는 일은 겉으로 보면 단순한 생활습관처럼 보입니다. 하지만 사실 이 안에는 끈기를 필요로 하는 경험이 숨어 있습니다. 이런 작은 끝맺음 습관은 자라면서 자연스럽게 확장됩니다. 유아기에 형성된 끝까지 해내는 힘은 아이가 자라 학교에 가서는 책상 앞

에 앉아 공부를 이어가는 힘이 되고, 어른이 되어서는 맡은 바를 책임지는 힘으로 이어집니다.

따라서 부모는 아이가 끝맺지 못하는 모습을 보면서 끈기가 부족하다고 단정 짓기보다, '아! 지금 아이가 목표를 끝까지 이어가는 힘, 즉 끈기와 지속력을 배우는 중이구나.' 하고 바라보고, 끝맺음을 잘할 수 있도록 지원해 주는 것이 필요합니다. 세 살 버릇 여든까지 간다는 속담처럼, 오늘의 작은 생활습관 하나가 내일의 큰 도전을 지탱하는 뿌리가 되기 때문입니다.

작더라도 끝까지 해보는 경험이 쌓일수록 아이는 나도 할 수 있다는 자신감을 얻고, 점차적으로 더 큰 목표나 오랜 기간 끈기를 요하는 경험도 감당할 수 있는 힘을 키워가게 됩니다. 부모는 억지로 마무리를 강요하기보다, 아이가 스스로 끝까지 가볼 수 있는 작은 발판을 마련해 주는 것만으로도 도움을 줄 수 있습니다.

끝까지 해내도록 돕는 부모의 전략

- 생활 속 습관 만들기 : 놀이 후, 정리까지

정리는 단순히 내가 한 것을 치우는 기술을 익히는 것, 혹은 귀찮은 일이 아닙니다. 정리는 사용한 것을 스스로 정리하는 행위로, 책임감의 첫걸음이자 아이가 '끝'을 배우는 중요한 배움의 과정입니다. 아이에게 '끝났다'라는 개념은 아직 추상적입니다. 그러나 놀이했던 블록을 제자리에 두거나 자신이 먹은 그릇을 싱크대에 옮기는 일은 사소해 보이지만, 아이에게는 "내가 시작한 일을 내가 끝냈다."라는 일종의 성공적인 자기 주도적 경험의 의미를 담고 있습니다. 이러한 경험이 반복될수록 아이 마음속에는 끝까지 책임지는 힘이 차곡차곡 자리 잡게 됩니다. 정리는 '시작 – 과정 – 마무리'로 이어지는 일의 전체 흐름을 몸으로 배우는 훈련입니다. 즉, 정리 그 자체가 곧 끝맺음 경험으로 남게 되는 것입니다. 그리고 정리를 끝냈을 때 아이는 뿌듯함과 성취감을 느낍니다. 이러한 작은 성취 경험은 아이 마음속에 "또 해보자, 더 해보자." 하는 동기를 불러일으키며, 자연스럽게 다음 도전으로 이어지게 되는 용기를 북돋워 줍니다.

이처럼 정리는 아이에게 책임감을 길러줄 뿐 아니라, 끝까지 마쳤을 때 느끼는 만족감 자체가 아이 안에서 도전을 이어가는 힘으로 바뀌는 소중한 경험이 됩니다.

• 생활 속 작은 목표의 완주 경험

아이들은 큰 목표 앞에서는 쉽게 지치지만, 작은 목표는 완결까지 해낼 수 있습니다. 예를 들어, 퍼즐은 전체를 다 맞추지 않아도 괜찮습니다. 오늘은 세 조각만, 내일은 다섯 조각만 완성해도 충분합니다. 그림은 나비 날개까지만 색칠하고, 책은 다음 책장을 덮는 순간까지만 읽어보게 하세요. 부모가 "오늘은 여기까지 해봤네. 마지막 조각까지 네가 직접 넣었구나." 하고 짚어줄 때, 아이는 스스로 끝맺음의 성취를 경험하게 됩니다. 이런 작은 완결이 반복되면, 아이 안에는 '나는 끝낼 수 있다.'는 자기효능감이 자라납니다.

• 실패를 성장으로 연결하는 언어 사용

아이가 무언가를 하다 중간에 막히거나 잘 안 될 때, 부모는 흔히 "괜찮아, 못할 수도 있지."라고 위로합니다. 하지만 이런 말은 실패를 빨리 잊으라는 메시지로 들릴 수 있습니다. 대신 아이가 퍼즐 조각이 안 맞아 속상해한다면 "안 맞아서 속상했구나. 다른 방법으로 같이 해볼까?" 하고 말해 보세요. 이렇게 경험을 돌아보게 하고, 재도전으로 이어지게 하는 대화는 실패를 두려움이 아니라 다음 시도로 가는 징검다리로 바꿔줍니다.

• 마무리를 돕는 약속의 기술 : '만약-그럼 계획'

아이들은 아직 추상적인 약속보다 눈앞에 보이는 신호와 간단한 규칙을 더 잘 이해합니다. 그래서 "다 치워야 놀이가 끝나는 거야."라고 설명하기보다, 구체적인 신호와 짧은 행동 지침을 함께 제시하는 것이 훨씬 효과적입니다.

발달심리학에서는 이런 방식을 '만약 – 그럼 계획(If – Then Plan)'이라고 부릅니다. 독일 심리학자 피터 골위처(Peter Gollwitzer)가 제안한 방법으로, 목표를 행동으로 옮기는 힘을 길러준다고 입증된 전략입니다. 핵심은 이렇습니다. "만약 ○○ 상황이 오면 → 나는 △△ 행동을 한다."라는 규칙을 미리 정해두는 것입니다.

예를 들어, "알람 소리가 울리면 → 블록을 상자에 넣자.", "노래가 끝나면 → 책 표지를 덮자.", "불이 꺼지면 → 인형을 침대에 눕히자." 이처럼 조건(만약)과 행동(그럼)을 연결해 주는 것입니다. 그러면 조건이 나타나는 순간 행동이 자동으로 이어지면서, 정리와 마무리가 자연스러운 습관으로 자리 잡게 됩니다.

이 방법의 장점은 아이가 다음에 무엇을 해야 하는지 명확히 알게 되어 불안과 저항이 줄어듭니다. 그리고 같은 규칙이 반복되면서 정리는 더 이상 "시켜서 하는 일"이 아니라 스스로 해내는 습관적 마무리 행동으로 굳어집니다. 즉, 부모가 길게 설명하지 않아도 '만약 – 그럼' 문장만으로 아이의 끝맺음 습관을 길러줄 수 있는 것입니다.

'만약 – 그럼' 문장 예시

이를 다 닦으면 → 컵에 칫솔을 넣자.
집에 들어오면 → 신발을 가지런히 두자.
밥을 다 먹으면 → 그릇과 수저를 싱크대에 두자.
그림책을 다 보면 → 책을 책장에 꽂자.
색칠 놀이가 끝나면 → 색연필을 통에 넣자.
퍼즐을 다 맞추면 → 상자를 닫고 선반에 두자.

• 끝맺음을 키우는 효과적인 칭찬 기술

칭찬은 고래를 춤추게 한다는 말이 있습니다. 칭찬은 상대방의 기분을 좋게 할 뿐만 아니라, 마음을 움직이고 행동을 강화하는 강력한 힘을 가지고 있습니다. 특히 아이들은 칭찬을 긍정적인 보상으로 받아들이기 때문에, '이 행동은 가치 있구나.' 하고 생각하며 그 행동을 반복하고자 합니다. 뇌과학적으로도 칭찬은 보상회로를 자극해 도파민을 분비시켜, 같은 행동을 다시 하고 싶어지도록 작용합니다.

하지만 어떻게 칭찬하느냐에 따라 칭찬은 약이 되기도 하고, 때로는 독이 되기도 합니다. "잘했어!", "정말 똑똑하구나."와 같은 말은 순간적으로 기분은 좋게 하지만, 결과나 고정된 특성에만 초점을 맞추고 있다는 함정이 있습니다. 아이는 무의식적으로 "내가 똑똑하지 않으면 칭찬받지 못하는 걸까?", "이번에 잘 못하면 아예 시도하지 않는 게 낫겠지."라는 불안을 품게 됩니다. 실제 연구에서도 능력이나 결과 중심의 칭찬을 자주 들은 아이들은 새로운 도전을 피하고 실패를 지나치게 두려워하는 경향을 보였습니다.

그렇다면 아이 안에 도전과 노력의 힘을 북돋워 그릿을 키우려면 어떻게 칭찬해야 할까요? 해답은 결과가 아닌 과정과 끝맺음을 짚어주는 것에 있습니다. “퍼즐이 잘 안 맞았지만 포기하지 않고 다시 해봤구나.”, “세 번이나 다시 시도했네.”, “이야기의 끝까지 읽었구나.”처럼 구체적으로 노력한 모습을 언어로 풀어주면, 아이는 끝맺음을 위한 노력 그 자체가 의미 있는 경험임을 배우게 됩니다.

또 한 가지 중요한 점은, 결과가 완벽하지 않아도 과정 자체를 인정하는 것입니다. 세상일은 언제나 성공으로 끝나지 않습니다. 퍼즐을 다 맞추지 못하거나, 노래를 중간에 멈추는 일이 생기더라도 시도해 본 경험, 다시 이어가려는 마음은 충분히 칭찬받을 가치가 있습니다. “여기까지 스스로 해봤구나.”, “중간에 멈췄다가도 다시 이어가려 했네.”라는 말은 아이에게 실패가 끝이 아니라 과정의 일부임을 알려줍니다.

이런 경험이 쌓일 때, 아이는 결과와 상관없이 ‘나는 시도할 수 있는 힘을 가지고 있어!’라는 자기 인식을 키우게 됩니다. 그리고 이 긍정적 자기 인식은 아이가 다음번에도 두려움 대신 도전을 선택하도록 이끌어 줍니다. 부모가 구체적으로 과정과 끝맺음을 짚어줄 때, 아이는 몸으로 배우게 됩니다. 끝맺음은 완벽한 결과가 아니라, 다시 시도하고 끝까지 가보려는 과정 자체가 의미 있는 경험이라는 것을 말이지요. 이렇게 작은 칭찬 하나가 모여, 아이는 실패를 두려워하지 않고 다시 일어서는 힘을 키웁니다. 그리고 그 힘이 바로 아이의 그릿, 즉 도전과 노력을 끝까지 이어가게 하는 뿌리가 됩니다.

작은 성취에 만족하고, 다음 도전을 하려 하지 않아요

"엄마, 나 이제 책 잘 읽어!" 아이 손에는 그림책 한 권이 들려 있습니다. 당당하게 앉아 몇 장을 소리 내어 읽더니, 갑자기 책을 휙 덮습니다. "됐어. 나 다 했어."

주말, 아이가 킥보드를 타고 싶다며 졸라댑니다. 마당에 나가 씽씽 달리며 신나게 웃습니다. 그런데 몇 번 타더니 "그만할래." 하고 킥보드를 세웁니다.

부모의 마음에는 두 가지 감정이 동시에 스칩니다. '이렇게 스스로 하겠다니 기특하다.'는 뿌듯함, 그리고 '왜 금방 멈추지? 조금만 더 하면 좋을 텐데.' 하는 아쉬움. 혹시 우리 아이, 도전심이 부족한 건 아닐까 하는 불안이 고개를 듭니다.

더 큰 도전을 주저하는 이유

유아기 아이들은 작은 성취만으로도 충분히 만족을 느끼곤 합니다. 아이의 뇌는 즉각적인 성취에 크게 반응합니다. 글자를 몇 자 읽었거나 킥보드를 몇 번 탔다는 사실만으로도 성취감이 충만합니다. 그 순간 아이는 "나는 해냈다."는 기쁨을 충분히 느끼고 있기에, 이제 더 이상 나아갈 필요를 크게 느끼지 않고 있을 수 있습니다.

따라서 여기서 부모가 기억해야 할 중요한 사실이 있습니다. 작은 성취는 '끝'이 아니라, 다음 도전의 발판이 될 수 있다는 것입니다. 아이들은 본능적으로 익숙한 활동 속에서 안정감을 얻습니다. 이미 할 줄 아는 놀이, 이미 성공해 본 과제는 결과를 예측할 수 있고 실패의 위험이 적기 때문이지요. 그래서 아이는 거기서 머무르고 싶어 합니다. 그러나 부모가 곁에서 조금만 지지해 주면 아이는 새로운 시도를 해낼 힘을 얻습니다. 부모가 할 수 있는 가장 중요한 역할은 아이의 성취를 존중하면서도 그것을 다음 단계로 이어가도록 돕는 것입니다.

성취를 확장하는 네 가지 방법

도전에는 두 가지 길이 있습니다. 하나는 이미 익숙한 활동 속에서 조금씩 넓혀 가는 도전, 다른 하나는 아직 해보지 않은 것에 발을 내딛는 새로운 모험의 도전입니다. 아이가 아직 어리거나 낯선 것을 두려워한다면, 먼저 익숙한 것에서 한 걸음 더 나아가는 경험이 필요합니다. 이는 작은 성취에서 멈추려는 아이에게 부모가 해 줄 수 있는 일입니다. 아이가 이룬 성취를 깎아내리지 않고 존중하면서, 자연스럽게 그다음 한 발짝으로 이어가도록 다리를 놓아주는 것이지요. 작은 성취는 끝이 아니라, 새로운 도전으로 이어지는 든든한 발판이 될 수 있습니다.

• 익숙한 성취를 조금 더 확장하기

아이에게 "조금만 더 해보자."라는 말은 막연하게 들릴 수 있습니다. 대신 "책 한 장만 더 읽어볼까?", "저기 벤치까지만 가보자."처럼 구체적인 목표를 제시해 보세요. 이미 성취한 경험을 지켜 주면서도, 그 경험이 새로운 도전의 발판이 되도록 연결하는 것입니다. 작은 확장이 쌓일 때, 아이는 자신감을 키우고 점점 더 큰 도전에 나설 힘을 얻게 됩니다.

• 과정을 이야기로 되짚어 주기

"처음엔 어려워했는데 끝까지 해냈네.", "저번엔 커브 길을 돌 때 흔들렸는데, 오늘은 곧 균형을 잡았잖아." 부모가 이렇게 과정을 짚어주면, 아이는 단순히 결과가 아니라 스스로의 변화와 노력을 확인하게 됩니다. 이 되돌아봄은 '나는 도전할 수 있는 사람이야.'라는 자기 인식을 길러줍니다.

작은 생활 습관 속에서도 이를 적용할 수 있습니다. 예를 들어, 세수하기, 양치하기, 옷 입기, 가방 챙기기 같은 아침 루틴을 그림으로 만들어 냉장고에 붙여 두고, 아이가 하나씩 마칠 때마다 버튼을 누르거나 스티커를 붙이게 해 보세요. 반복되는 일상이 성취의 경험으로 바뀌면서 아이는 "나는 스스로 해낼 수 있어."라는 확신을 얻게 됩니다.

• 호기심을 자극해 스스로 확장하기

때로는 억지로 "더 해보자."라고 하기보다, 아이 마음속 호기심의 불씨를 건드려 보세요. 그림책을 덮은 아이에게 "이 주인공은 지금 뭘 하고 있을까?", "그다음엔 어떤 일이 생길까?" 하고 묻는 것입니다. 킥보드를 멈춘 아이에게 "저기 나무 뒤엔 뭐가 있을까?" 하고 물으면, 아이는 부모의 지시가 아니라 자기 안에서 생긴 궁금증에 이끌려 한 발짝 더 나아갑니다. 스스로 탐색하고 싶어지는 순간, 이미 새로운 도전이 시작된 것입니다.

• 아이 스스로 다음 단계를 정하게 하기

"내일은 어떤 걸 해보고 싶어?" 하고 묻는 순간, 도전은 부모가 주는 과제가 아니라 아이가 선택한 기회가 됩니다. 스스로 정한 도전은 훨씬 더 강한 동기를 불러일으키고, 아이의 주도성을 단단히 세워 줍니다.

도전 스티커판이나 도전 버킷리스트도 좋은 방법이 될 수 있습니다. 아이가 새로운 활동에 도전할 때마다 스티커를 붙이고, 하고 싶은 도전 세 가지를 적은 뒤 하나씩 실천할 때마다 표시해 주는 것입니다. 중요한 것은 완벽하게 해내는 것이 아니라 "시도했다."는 사실 자체를 함께 축하하는 데 있습니다. 이런 경험이 쌓이면 아이는 "나는 도전하는 사람이야."라는 자부심을 키워 갑니다.

이처럼 부모가 곁에서 작은 다리를 놓아 줄 때, 아이는 성취 → 확장 → 자기 인식 → 스스로 도전의 흐름을 경험합니다. 이 경험이 차곡차곡 쌓일 때, 아이 마음속에서 그릿의 씨앗은 뿌리를 내리고 단단히 자라납니다.

포기하지 않고 다시 시도하는 힘, 끝까지 마무리하는 끈기, 작은 성취를 발판 삼아 더 큰 도전으로 나아가는 용기. 이 세 가지가 맞물릴 때, 아이의 도전과 노력은 단단한 성장 곡선을 그려 갑니다.

조절과 적응 키우기

"싫어!", "안 해!", "나는 못 해~ 엄마가 해줘!"

요즘 아이들의 입에서 자주 들리는 말입니다.

작은 불편이나 실패 앞에서 눈물이 터지고, 금세 등을 돌려버리곤 합니다. 요즘 아이들은 감정을 인식하고 표현하는 데에는 매우 익숙합니다. 어려서부터 감정카드, 감정일기 등을 통해 자신의 기분을 말하는 법을 배워왔기 때문입니다. 하지만 감정을 이해하고 표현하는 것과 자신을 조절하는 것은 다른 문제입니다. 표현은 순간의 마음을 밖으로 꺼내는 일이고, 조절은 그 마음을 다스리며 다시 나아가는 힘을 기르는 과정이기 때문입니다.

그릿의 중요한 뿌리 중 하나가 바로 이 조절과 적응입니다. 아이는 타고난 호기심으로 세상을 탐험하며 도전을 시작합니다. 하지만 호기심이 아무리 많아도, 도전 의지가 불타올라도 감정을 다스리지 못하고 상황에 적응하지 못한다면 그 힘은 쉽게 꺼져버리고 맙니다. 반대로 울음을 멈추고 숨을 고른 뒤, 다시 블록을 쌓거나 놀이에 참여할 수 있다면 그릿은 훨씬 단단하게 자라납니다.

조절과 적응은 호기심과 도전을 이어주는 다리이자, 그릿이 끝까지 뿌리내리도록 돕는 힘입니다. 그리고 다시 호기심을 불러오고, 도전을 새롭게 시작하게 만드는 끝없는 고리의 중심입니다. 작은 실패 앞에서 다시 일어나는 힘, 낯선 상황에서도 한 걸음 내딛는 용기, 바로 그 순간이 아이의 그릿을 키워갑니다.

작은 일에 금세 울고 화내는 아이, 화를 잘 멈추지 못해요

아이가 퍼즐을 맞추다 마지막 조각이 들어가지 않자, 얼굴이 붉어지고 곧 "안 해!" 하며 퍼즐을 밀쳐버립니다. 보드게임에서 지자 서럽게 울며 판을 뒤엎기도 하고, 그림을 색칠하다가 색이 선 밖으로 나가면 종이를 구겨버리기도 합니다. 이처럼 작은 실패에도 크게 흔들리는 아이의 모습은 부모에게 당혹감과 걱정을 안겨줍니다. '왜 이렇게 크게 반응할까?', '우리 아이만 너무 예민한 건 아닐까?' 부모의 마음에는 질문이 쌓여갑니다. 때로는 아이가 울음을 그치지 않으면 부모도 지쳐서 "그만 울어!" 하고 큰소리를 내고, 아이는 더 크게 울며 악순환이 반복되곤 합니다.

감정을 조절하기 어려운 이유

유아기 아이들이 작은 일에도 쉽게 울고 화를 내는 것은 자연스러운 발달 과정의 일부입니다. 아직 자기조절을 담당하는 뇌의 전두엽이 충분히 발달하지 않았기 때문에, 감정을 느끼는 속도는 빠르지만 조절하고 표현하는 능력은 서툴 수밖에 없습니다. 그래서 아이들은 즉각적으로 욕구가 충족되기를 강하게 원하고, 원하는 대로 되지 않을 때 큰 혼란을 느낍니다. 특히 정서 표현이 풍부한 아이일수록 감정을 더 크게, 진하게 드러냅니다.

어른에게는 단순한 일처럼 보이지만, 아이에게는 자신의 세상이 깨져버린 큰 사건으로 다가옵니다. 퍼즐이 안 맞거나, 게임에서 지는 경험은 아이 뇌 속에서는 안전과 질서가 무너진 위협처럼 느껴지는 것입니다. 그래서 마치 급경사를 내려오는 자전거를 갑자기 세우기 어려운 것처럼, 아이의 감정은 한 번 치밀어 오르면 쉽게 멈추지 못합니다.

그렇다고 해서 아이의 마음이 늘 무겁게만 이어지는 것은 아닙니다. 아이들의 감정은 롤러코스터처럼 빠르게 오르락내리락합니다. 조금 전까지만 해도 울며 땅을 구르던 아이가 금세 친구와 웃으며 놀 수 있는 것도 이런 이유입니다.

이럴 때 중요한 것은 감정의 폭발을 억누르거나 무조건 멈추게 하기보다, 아이가 감정을 알아차리고 다루는 방법을 차근차근 배워가도록 돕는 것입니다. 그렇다면 아이가 이런 힘을 기르고 키워 가려면 무엇이 필요할까요?

아이가 주변 사람들과 맺은 관계가 얼마나 안정적인지, 또 어떤 분위기 속에서 지내왔는지가 중요합니다. 부모와의 안정된 관계, 집과 유치원에서의 일관된 경험이 쌓일수록 아이는 작은 좌절을 덜 위협적으로 받아들이고 금세 회복하는 힘을 기릅니다. 반대로 그런 경험이 부족한 아이는 작은 불편에도 크게 흔들리기 쉽습니다.

아이가 믿는 세상이 얼마나 단단히 형성되어 있는지가 중요합니다. 아이의 마음은 혼자 자라지 않습니다. 부모와 교사의 안정된 관계, 예측 가능한 하루의 리듬, 따뜻한 눈빛과 일관된 태도가 아이 마음의 울타리가 되어줍니다. 그 울타리 안에서 아이는 세상이 안전하다는 믿음을 쌓고, 감정의 파도 속에서도 다시 균형을 찾아 일어서는 힘을 배우게 됩니다.

감정을 조절하는 방법

• 감정에 이름을 붙여주세요

단순히 "참아보자!"라는 말은 아이에게 큰 도움이 되지 않습니다. 아이는 자신이 느끼는 감정을 표현하기도 벅차기 때문입니다. 이럴 때 부모가 대신 그 감정에 이름을 붙여주는 것만으로도 아이의 마음은 훨씬 편안해집니다.

예를 들어, 퍼즐이 잘 맞지 않아 울고 짜증을 낼 때, 사실 아이도 그 마음이 '속상함'인지 '화'가 난 것인지 스스로 잘 모릅니다. 그저 마음이 복잡한데, 아직 이 감정이 구체적으로 무엇인지, 어떠한 감정인지, 혹은 어떻게 표현해야 하는 것인지 잘 모르기 때문에 울음과 짜증으로 감정을 터뜨리는 때가 많습니다.

이때 부모가 "○○이가 속상했구나."라고 말해주면, 아이는 비로소 '아, 이게 속상한 마음이구나.' 하고 자신의 감정을 이해하고 정리할 수 있습니다.

감정에 이름이 붙는 순간, 막연했던 감정은 구체화되고 다루기 쉬워집니다. 감정에 이름을 붙이는 일은 마치 방 안에 쌓인 짐에 이름표를 붙이는 것과 같습니다. 이름표가 없을 때는 이리저리 굴러다니며 방을 어지럽히지만, 이름표를 붙이는 순간 짐들은 제자리를 찾아 상자별로 차곡차곡 정리할 수 있게 됩니다. 감정도 마찬가지입니다. 이름이 붙는 순간, 마음속 어지러움은 차분히 정리됩니다.

이때 아이의 뇌에서도 변화가 일어납니다. 막연했던 감정이 이름을 얻는 순간, 편도체에 울리던 경보음이 잦아들고, 생각과 조절을 담당하는 전두엽의 불이 켜지게 됩니다. 이제 아이는 “아, 내 마음이 이렇구나.” 하고 스스로 감정을 알아차리며 마음의 균형을 되찾습니다.

그래서 부모가 먼저 다양한 감정 단어를 알고, 일상에서 자주 건네주는 것이 필요합니다. 하지만 우리에게 “오늘 하루 동안 어떤 감정을 느끼셨나요?” 하고 물어본다면, 대부분은 ‘기뻤다, 좋았다, 화났다, 슬펐다.’와 같은 몇몇 단어에 머무를 때가 많습니다. 감정을 말로 표현할 수 있을 때, 아이는 스스로 마음을 이해하고 다스리는 힘을 기르게 됩니다.

아이의 감정을 표현하는 다양한 말들

감정 유형	관련 감정어
기쁨	기뻐, 즐거워, 신나, 반가워
분노	화나, 짜증 나, 억울해
슬픔	슬퍼, 속상해, 서운해, 외로워
두려움	무서워, 걱정돼, 불안해, 떨려
놀람	깜짝이야, 놀랐어
싫음	싫어, 징그러워, 맛없어
부끄러움	부끄러워, 창피해
자부심	뿌듯해, 자랑스러워
죄책감	미안해, 잘못했어, 후회돼
질투	질투 나, 샘 나

자신의 마음을 '어떻게' 느끼고 있는지 알게 되는 순간, 아이는 한층 단단해집니다. 그렇게 자신의 감정을 알아차리는 힘이 생기면, 이제는 그 감정을 다루는 방법을 배울 차례입니다.

• 네 번의 숨쉬기로 감정 조절하기

심호흡이 마음을 진정시킨다는 말은 아마 많이 들어보셨을 겁니다. 하지만 아이들에게는 단순히 "숨 크게 쉬어보자!"라는 말만으로는 충분하지 않습니다. 아이들은 더 구체적이고 따라 하기 쉬운 안내가 필요합니다.

아이가 화가 나거나 울음을 멈추지 못할 때, 부모가 옆에 앉아 "우리 숨 네 번만 같이 해보자."라고 말해주세요. 마치 꽃향기를 맡듯 숨을 크게 들이마신 다음, 촛불을 끄듯 후~ 하고 숨을 크게 내쉬는 동작을 부모와 함께 네 번 반복합니다. 약 1분 정도의 길지 않은 시간이지만, 호흡을 부모와 함께 맞추어 보는 것만으로도 아이의 마음은 어느 정도 진정되게 됩니다. 스탠퍼드대학교의 연구에 따르면, 부모와 함께 짧은 호흡을 나누는 것만으로도 아이의 심신의 안정에 도움을 주는 것으로 나타났습니다.

하지만 아이의 감정이 이미 폭발한 상태라면 부모의 말이 잘 들리지 않습니다. 귀에는 들어와도 머릿속으로는 전혀 받아들이지 못하는 상태이기 때문입니다. 이럴 때는 먼저 '엄마 아빠가 곁에 있다.'는 느낌을 주는 것이 우선입니다.

- 옆에 있어 주기 : 말없이 등을 토닥이거나 손을 잡아주면 아이는 혼자가 아님을 느낍니다.
- 말은 최소화하기 : "엄마 여기 있어.", "괜찮아, 조금 기다릴게." 처럼 짧고 차분한 말이 효과적입니다.
- 안정된 리듬 보여주기 : 부모가 천천히 숨을 쉬거나 목소리를 낮추면, 아이도 자연스럽게 그 리듬을 따라 조금씩 진정하게 됩니다.

이런 폭발적인 감정은 보통 3~5분, 길어도 10분 안팎이면 가라앉습니다. 피곤하거나 낯선 환경에서 불안이 겹치면 15~20분까지 이어질 수 있지만, 하루 종일 계속되지는 않습니다. 여기서 중요한 점은 부모의 태도가 직접적인 영향을 미친다는 것입니다.

"그만 울어!"라며 감정적으로 같이 대응하면 아이의 울음은 더 길어지고 격해집니다. 반대로, 부모가 차분히 곁에 있어 주면 아이의 마음은 훨씬 빨리 가라앉습니다. 따라서 처음 몇 분은 '지금 아이가 감정 조절을 익히느라 힘들구나. 엄마 아빠는 네 곁에 있단다. 우리 함께 힘내자!'라고 생각하시며 묵묵히 버텨주세요. 그것만으로도 아이는 큰 힘을 얻습니다.

안정감을 더 쉽게 느낄 수 있도록 일정한 공간을 정해두고 숨을 고르는 것이 도움이 됩니다. 하지만 꼭 특별한 공간이 있어야 하는 것은 아닙니다. 중요한 것은 부모와 함께 호흡을 맞추는 경험 그 자체에 있기 때문입니다. 따라서 거실, 방, 차 안 어디에서든 부모와 아이가 함께할 수 있는 공간이라면 충분합니다. 이 방법이 익숙해지고 나면 "지금 우리 네 번만 숨 쉬어보자."라는 신호어만 건네도, 아이는 자연스럽게 숨을 고르고 마음을 진정하는 법을 익히게 됩니다.

이제 폭발적인 감정이 가라앉고, 아이가 자신이 어떤 상태였는지 살펴볼 수 있게 되었다면, 그다음으로는 화를 내거나 짜증을 내는 대신 사용할 수 있는 방법을 알려주는 것이 필요합니다. 아이가 바로 따라 할 수 있을 만큼 짧고 구체적인 문장을 알려주는 것입니다.

예를 들어, 블록이 잘 안 맞아 속상할 때는 "엄마, 잘 안 돼요. 도와주세요."라고 말하도록 알려줄 수 있습니다. 책을 읽다가 모르는 글자가 나오면 울거나 책을 덮어버리는 대신 "엄마, 이 글자를 모르겠어요. 어떻게 읽어요?"라고 물어보도록 구체적으로 제안해 주는 것입니다. 울음이나 짜증 대신 말로 감정과 상황을 표현하는 방법을 차근차근 연습하다 보면, 아이는 점차 짜증을 내기보다 스스로 마음을 다스리고 표현할 수 있는 힘을 얻게 됩니다.

• 예측 가능한 하루로 조절력 키우기

아이에게 하루는 커다란 여행과 같습니다. 해외여행을 떠나 가이드가 미리 상세 일정을 알려주면 '지금 내가 여기로 이동하는구나.' 하고 마음이 놓이게 됩니다. 하지만 아무 설명도 없이 버스에 탄 채 이리저리 다닌다면 불안하고 지치게 됩니다. 아이의 하루도 마찬가지입니다. 아직 자기 조절력이 충분히 발달하지 않은 아이에게는 하루의 흐름이 예측 가능할수록 안정감이 커집니다. 오늘 무엇을 하고, 어디로 갈지 미리 알면 아이는 훨씬 차분해지고 작은 변화에도 쉽게 흔들리지 않습니다. 반대로 수면 시간이나 일정이 들쭉날쭉하면, 마치 예고 없는 여행을 따라다니는 관광객처럼 아이는 금세 불안해지고 짜증이나 울음으로 반응하기 쉽습니다.

조절 능력은 안정감 속에서 자랍니다. 그래서 "10분 뒤에 장난감 정리할 거야." 하고 미리 예고해 주거나, 잠자기 전 책 한 권 읽고 짧은 호흡으로 하루를 마무리하는 습관을 들이는 것이 큰 도움이 됩니다. 아침마다 아이 방의 커튼을 열어주며 따스한 햇살을 맞으며 하루를 시작하는 작은 모습에서도 아이는 '오늘이 다시 시작되는구나!' 하는 신호를 감지하게 됩니다.

이처럼 예측 가능한 리듬이 반복되면 아이는 마음 깊은 곳에 '세상은 내가 예상한 대로 움직이고, 대처할 수 있구나!' 하는 믿음을 쌓게 됩니다. 이런 믿음이 자리 잡으면 아이는 작은 좌절이 와도 쉽게 무너지지 않습니다. '괜찮아, 다시 하면 돼.' 하고 마음을 추슬러 다시 일어서는 힘을 얻게 됩니다. 이런 믿음이 곧 감정 조절력의 뿌리가 됩니다.

감정이 강하게 드러난다는 것은 아이가 잘 자라고 있다는 신호입니다. 감정을 느끼고, 표현하고, 조절하는 일은 한 번에 완성되지 않습니다. 그 과정을 반복하며 아이는 자기 마음을 알아가고, 더 나아가 타인의 마음도 이해하게 됩니다. 감정을 억누르기보다, 다루는 법을 함께 익히게 도와주세요. 일상 속 작은 연습이 쌓일수록 아이의 내면은 한층 단단해질 것입니다.

집중은 하지만, 금방 주의를 빼앗겨요

책을 읽고 있던 아이가 창문 밖을 스쳐 지나가는 소리에 고개를 돌립니다. 슝~ 비행기가 하늘을 가르며 지나가자, 아이는 자리에서 벌

떡 일어나 "우와! 비행기다!" 하고 외치며 창문 앞으로 달려갑니다. 잠시 후 비행기는 멀리 사라졌지만, 아이는 다시 책 앞으로 돌아올 생각을 하지 않습니다. 부모가 "○○아, 비행기는 지나갔잖니. 이제 다시 와서 책 보자." 하고 불러보지만, 아이는 대답하지 않은 채 거실로 나가 버립니다. 거실에서 아이는 금세 블록을 꺼내 새로운 놀이에 몰두하고 있습니다. 이처럼 작은 자극에도 흐름이 쉽게 끊기고, 곧잘 다른 활동으로 옮겨가는 모습을 보면 '혹시 우리 아이, 너무 산만한 건 아닐까?' 하는 불안이 조용히 스며듭니다.

아이들이 쉽게 산만해지는 이유

창밖의 새소리, 멀리서 들리는 자동차 소리, 바람에 나뭇잎이 흔들리는 소리 등, 우리가 일상적으로 스쳐 지나가는 소리에도 아이들의 시선과 마음은 금세 움직이곤 합니다. 그래서 부모의 눈에는 아이들이 사소한 것에도 금방 한눈을 팔거나, 쉽게 산만해지는 것처럼 보이기도 합니다.

하지만 이러한 모습은 발달 중인 뇌의 특성과 관련이 있습니다. 뇌에는 '지금 중요한 것'과 '지금은 넘겨도 되는 것'을 구분해 주는 필터가 있는데, 아이들은 아직 이 필터 기능이 발달해 가는 중이어서 작은 자극에도 금세 반응이 옮겨가곤 합니다.

따라서 이 시기 아이들에게 필요한 것은 처음부터 끝까지 한 번도 흔들리지 않고 집중하는 능력이 아니라, 잠시 흩어졌더라도 다시 돌아가 집중하는 힘을 길러주는 것입니다.

집중을 이어주는 방법

• 다시 이어갈 수 있는 신호를 주세요

아이가 한눈을 팔았다가 돌아오지 못할 때는, 짧고 익숙한 말을 건네 주세요. 책을 읽던 중이었다면 "우리가 어디까지 읽었었지? 다시 이어서 읽어보자.", 블록을 쌓던 중이었을 땐 "아까 여기까지 쌓았었는데, 그다음에는 어떻게 할까?" 이처럼 멈췄던 지점을 짚어준 다음, 이어서 해볼 수 있도록 안내해 주면 아이는 자연스럽게 하던 활동으로 돌아올 수 있습니다. 아이의 산만함을 지적하기보다, 다시 이어서 할 수 있도록 도와주는 것이 필요합니다.

• 길게 하기보다 짧게 자주 해보세요

아이들은 아직 한 가지 일에 오래 집중하기 어렵습니다. 그래서 30분을 억지로 버티게 하기보다, 짧게 집중하고 잠시 쉬는 경험을 자주 반복하는 것이 더 효과적입니다. 예를 들어, 3~4세는 10분 정도, 5세는 15분 정도 집중했다가 잠시 쉬고 다시 이어가는 식으로 도와주세요.

활동을 시작할 때는 "오늘은 여기까지 해보자." 하고 짧은 목표를 정해 주세요. 이때 부모가 정해 줄 수도 있지만, 아이가 스스로 계획을 세울 수 있도록 연습을 함께 해보세요. 활동이 끝나면 "우리 아까 계획한 대로 다 했네!" 하고 아이의 노력을 구체적으로 언급해 주세요. 스스로 계획을 세워보고 진행하고 해내는 과정에서 아이는 '나는 스스로 할 수 있는 사람이야.'라는 자신감이 자라나게 됩니다.

그리고 만약 계획한 대로 되지 않았다면, "어떤 게 어려웠을까?",

"다음에는 어떻게 해볼까?" 하고 함께 천천히 이야기 나누어 보세요. 이렇게 계획 – 실행 – 되돌아보기 – 다시 계획하기의 과정을 반복하면서, 아이는 '처음부터 잘하지 못해도 괜찮아', '다시 하면 되는 거야'라는 마음을 배우게 됩니다.

이러한 경험이 쌓일수록 아이는 자신이 세운 계획을 끝까지 완수하는 힘뿐 아니라, 뜻대로 되지 않아도 스스로 조절하고 다시 시도할 수 있는 그릿의 근육을 기르게 됩니다.

• 주변 환경을 정돈해 주세요

TV 소리, 스마트폰 알림, 너무 많은 장난감은 아이가 집중을 이어가기 어렵게 만듭니다. 주의를 방해하는 자극을 줄이고, 차분히 몰입할 수 있는 환경을 만들어 주세요. 탁자 위를 간단히 정리하고 필요한 물건만 남겨두는 것만으로도 아이의 집중은 놀랄 만큼 달라집니다. 환경이 단순해질수록 아이의 마음은 더 깊어집니다. 조용하고 안정된 공간은 아이가 다시 제자리로 돌아오는 길을 한결 부드럽게 만들어 줍니다.

아이의 집중이 쉽게 흩어지는 것은 미숙함이 아니라, 성장하는 과정에서 자연스럽게 나타나는 모습입니다. 지금 아이에게 필요한 것은 완벽한 집중이 아니라 다시 돌아올 수 있는 힘, 그리고 그러한 경험을 쌓아가는 것입니다. 그렇게 조금씩 마음을 다스리고 상황에 맞게 조절하는 법을 배워갈 때, 그 과정이 바로 유아 그릿의 씨앗이 되어 아이를 한층 더 단단하게 자라게 합니다.

말은 잘하는데, 다른 사람 말에 귀 기울이는 건 어려워요

저녁 시간, 부모가 하루 동안 있었던 일을 이야기합니다. "오늘 엄마가~" 하고 말을 이어가는 순간, 아이가 불쑥 끼어듭니다. "엄마, 나 오늘 유치원에서 친구랑 놀았는데 말이야~" 아직 엄마 얘기가 끝나지 않았는데 자기 이야기를 먼저 꺼냅니다. 놀이터에서도 비슷한 장면이 펼쳐집니다. 친구가 이야기를 하고 있는데, 아이는 중간에 말을 자르며 "내 이야기 들어봐!" 하고 끼어듭니다. 말은 또박또박 잘하고 표현도 풍부하지만, 다른 사람의 이야기를 끝까지 듣지 못합니다.

경청이 어려운 이유

아이들이 자기 이야기를 먼저 꺼내고 싶어 하는 것은 그만큼 언어 표현력이 활발히 자라고 있다는 신호입니다. 하고 싶은 말이 떠오르면 곧바로 이야기하고 싶은 욕구가 앞서지만, 상대의 말을 끝까지 듣고 기다리는 힘은 훨씬 더디게 발달합니다. 즉, 말하기는 앞서가고, 듣기와 기다리기는 뒤따르는 시기입니다.

하지만 요즘 아이들은 '내 말 들어봐!'가 익숙하고, 다른 사람의 이야기를 기다리는 경험은 상대적으로 적습니다. 가정에서도 아이 중심으로 대화가 이루어지는 경우가 많다 보니, 자연스럽게 '내가 말하는 사람이야'라는 인식이 강화되고 '듣는 법'은 뒤로 밀리곤 합니다.

그러나 '듣기'는 단순히 귀로 소리를 받아들이는 행위가 아닙니다. 다른 사람의 말을 끝까지 듣기 위해서는 내가 지금 말을 하고 싶은 충동을 잠시 멈추고, 상대의 이야기를 들으며 머릿속에서 이해하고 내용을 붙잡아 두었다가, 적절한 자신의 차례가 되었을 때 그에 맞춰 대답하는 과정이 필요합니다. 따라서 경청이란 '멈추기 – 기억하기 – 이어 말하기' 이 세 가지가 동시에 이루어져야 하는, 생각보다 어려운 과정입니다.

관계를 자라게 하는 경청

유아기에 또래 관계는 아이의 세상을 넓혀 주는 가장 강력한 통로입니다. 아이들은 친구와 함께 놀이하며 협력하는 법, 다투고 화해하는 법, 그리고 서로 다른 생각을 조율하는 법을 배워 갑니다. 부모와의 관계가 보호와 돌봄을 중심으로 이루어진다면, 또래와의 관계는 서로가 동등한 위치에서 소통하며 함께 성장하는 관계입니다.

아이들은 친구와 놀며 스스로 도전해 보거나, 친구를 따라 하며 새로운 기술과 사고 방식을 익힙니다. 또한 놀잇감을 나누어 쓰고, 순서를 기다리며, 때로는 다투었다가 다시 화해하는 경험을 통해 충동을 다스리고 감정을 조절하는 힘을 길러 갑니다. 이처럼 또래와 어울리고 함께 놀이하는 시간 속에서 사회성 · 인지 · 정서가 함께 자라납니다.

그런데 이때 친구의 말을 끝까지 듣지 못한다면 어떻게 될까요?

"너는 네 얘기만 해."라는 반응이 돌아오기도 하고, 작은 오해가 쌓여 갈등이 생기거나, 함께 어울리기 어려워질 수도 있습니다. 결국 경청은 단순한 예절이 아니라 관계를 이어 가는 힘입니다. 타인의 이야기에 귀 기울이는 순간, 아이는 자신의 마음을 잠시 멈추고 다른 사람을 받아들이는 연습을 하게 됩니다. 이러한 경험이 쌓일수록 아이는 자신의 마음을 조절할 수도 있고, 다른 사람의 마음을 이해해

보는 감각을 익혀 나가게 됩니다.

경청은 관계를 자라게 하고, 그 속에서 유아 그릿의 핵심인 조절과 적응의 힘이 함께 자랍니다.

경청, 이렇게 길러주세요

• 차례를 지키는 대화 알려주기

엄마와 아빠가 이야기를 나누는 중 아이가 말을 끊는 경우, "지금은 엄마랑 아빠가 이야기 중이야. 이야기가 끝나면 이야기해 보자." 하고 차분히 알려주세요. 부모가 이야기를 마친 뒤 "기다려 줘서 고마워. 그럼 이제 이야기해 볼래?"라고 짧은 칭찬과 함께 자연스럽게 차례를 넘겨 주면, 아이는 '말하기와 듣기가 번갈아 이루어지는구나. 그리고 그때는 기다려야 하는구나.' 하는 대화의 흐름을 배워 갑니다.

이때 말할 차례를 눈으로 볼 수 있게 해주면 이해가 훨씬 쉬워집니다. 작은 인형이나 블록을 손에 들고 있는 사람이 말하고, 이야기가 끝나면 옆 사람에게 건네는 식으로 해보세요. 이처럼 눈에 보이지 않는 기다림을 시각화하면, 아이가 차례를 지키는 법을 쉽게 이해하고 배우게 됩니다.

• 이야기 이어가기 놀이

가족이 돌아가며 한 줄씩 이야기를 이어가는 놀이를 해보세요. "옛날에 토끼가 살았어요. → 다음은?"처럼 한 문장씩 주고받으며 차례를 넘기는 방식입니다. 내 차례를 기다리는 동안 아이는 자연스럽게 다른 사람의 이야기에 귀 기울이고, 그 이야기에 이어질 말을 떠올려

보게 됩니다. 이때의 기다림은 단순히 차례를 지키는 일이 아니라, 다른 사람의 생각을 받아들이고 그 위에 자신의 생각을 보태는 시간이 됩니다. 이런 놀이를 자주 하다 보면, 아이는 대화 속에서도 상대의 말을 끊지 않고 끝까지 들을 수 있는 힘을 키워 갑니다.

조절과 적응은 억누르거나 참는 힘이 아니라, 흔들림 속에서도 다시 균형을 찾아가는 힘입니다. 오늘의 작은 기다림, 한 번의 숨 고르기, 다시 돌아오는 경험이 쌓여 아이 안에 그릿의 뿌리가 조금씩 자라납니다.

부모 한 걸음

사랑과 훈육, 함께 갈 수 있을까?

아이가 손에 들고 있던 장난감을 던집니다. 엄마는 당황했지만 최대한 침착하게 말해봅니다. "우리 ○○이가 장난감을 던져보고 싶었구나? 하지만 장난감은 던지면 안 돼. 다칠 수 있어. 위험해." 엄마는 감정을 공감해주면서도 부드럽게 훈육했다고 생각했지만, 아이는 어떻게 받아들였을까요?

'던져도 괜찮은 거구나.' 하고 오해했을 수도 있습니다. 아이는 부모의 감정보다 결과를 더 강하게 학습합니다. 던졌는데도 장난감을 계속 가지고 놀 수 있었다면, 그 순간 아이는 '다음에도 던져도 되겠다.'는 메시지를 배울 수 있습니다.

훈육은 감정의 폭발이 아니라 원칙의 전달입니다. "장난감을 던지면 오늘은 가지고 놀 수 없어."라고 단호히 말하고 실제로 거두는 것, 그것이 아이에게 행동과 결과의 연결을 가르쳐 줍니다. 중요한 것은 화를 내는 것이 아니라, 차분하지만 단호한 태도로 일관성을 지켜주는 것입니다.

물론 부모 마음은 쉽지 않습니다. 아이가 울며 매달릴 때 흔들리지 않는 부모는 없으니까요. 그러나 사랑은 단호함과 함께할 때 더 단단해집니다. "속상하지? 엄마도 마음이 아파. 그래도 오늘은 안 돼." 이렇게 말할 수 있을 때, 아이는 부모의 따뜻함 속에서 규칙을 배우고 안정감을 얻습니다.

사랑과 훈육은 따로 있지 않습니다. 사랑은 경계를 세우는 용기에서 시작됩니다. 아이에게 "안 돼."라고 말할 수 있는 단호함, 그 안에 진짜 사랑이 담겨 있습니다.

그릿이 자라는 이야기들

《 점 》

- 피터 레이놀즈 저 | 문학동네
- "나는 그림을 못 그려!"라고 말하던 베티가 점 하나에서 시작해 자신감을 키우고 창의력을 펼쳐가는 이야기
- 이야기 나누기
  - 베티는 왜 그림을 못 그린다고 생각했을까?
  - 해보기 전엔 자신 없었던 일이 있었니?
  - 작은 점이 큰 그림이 된 걸 보고 어떤 느낌이 들었어?

《 너를 응원해 》

- 김경애 저 | 을파소
- 하루에도 몇 번씩 난생처음인 경험을 맞닥뜨리며 더 넓은 세상으로 나아가는 아이에게 들려주는 부모의 응원
- 이야기 나누기
  - 아이는 어떤 어려움을 겪었을까?
  - 다시 도전해 본 적이 있니?
  - 해냈을 때 어떤 기분이 들었니?

《 안 돼, 데이비드! 》

- 데이비드 섀넌 저 | 주니어김영사
- 매일 실수하고 혼나지만, 부모의 사랑 안에서 다시 도전하며 건강하게 자라는 데이비드의 이야기
- 이야기 나누기
  - 데이비드는 왜 자꾸 안 된다는 말을 들었을까?
  - 실수한 적 있니? 그때 기분이 어땠어?
  - 다시 해본다면 어떻게 하고 싶어?

《 난 할 수 있어! 》

- 로리 라이트 저 | 갈락시아스
- 세바스찬이 부모의 따뜻한 응원 속에서 실수에 대한 두려움을 극복하고, 자신의 감정을 조절하는 법을 배워가는 이야기
- 이야기 나누기
  - 주인공은 어떤 일에 도전했니?
  - 자신 없었지만, 용기내어 도전해 본 경험이 있니?
  - 어려워도 해봤을 때 어떤 기분이 들었니?

《 무지개 물고기 》

- 마르쿠스 피스터 저 | 시공주니어
- 자신의 아름다운 비늘을 나누며 진짜 행복을 찾아가는 무지개 물고기의 이야기
- 이야기 나누기
  - 무지개 물고기가 처음에는 왜 친구가 없었을까?
  - 반짝이는 비늘을 나누어 주고 나서, 무지개 물고기의 마음은 어떻게 달라졌을까?
  - 소중한 것을 친구와 나누어 본 적이 있니? 그때 어떤 기분이 들었니?

그림책, 어떻게 읽어야 할까요?

요즘 부모들은 아이와 서점에 함께 가서 책을 고르기도 하고, 도서관의 연령별 추천 도서나 수상작을 참고하기도 합니다. 덕분에 아이들의 책장은 이미 다양한 그림책으로 가득 차 있습니다. 그런데 정작 아이가 스스로 책을 꺼내 읽는 모습은 드뭅니다. 왜 그럴까요? 이유는 책 그 자체가 아니라, 책을 대하는 경험에 있습니다. 아이에게 그림책은 단순한 종이가 아니라 부모와 함께하는 시간, 목소리, 눈빛입니다. 책장에 꽂혀 있는 순간에는 그냥 물건일 뿐이지만, 부모와 함께 펼치는 순간 생생한 경험이 됩니다.

그림책은 아이에게 세상을 안전하게 경험하게 해주고, 도전과 성장을 향해 함께 걸어가는 믿음직한 길잡이가 되어줍니다. 주인공이 넘어졌다가 다시 일어나는 장면은 아이에게 "나도 다시 해볼 수 있겠다."는 용기를 주고, 친구와 갈등하는 장면은 감정을 조절하고 상대를 이해하는 연습이 됩니다. 목표를 끝까지 이루는 이야기는 인내와 끈기의 의미를 전해 줍니다.

부모가 하는 실수

- 책장을 넘길 때마다 "이건 뭐야?", "왜 그랬을까?" 질문을 폭탄처럼 쏟아낸다.
- "오늘 책 읽었어?", "몇 권 읽었어?" 숙제처럼 책을 읽게 하려고 한다.
- 책을 읽는 중 아이가 말하면 "조용히 해, 끝까지 읽어야지!"라며 막는다.

이렇게 읽어주세요

- 함께 즐기기 : 부모가 먼저 책을 좋아하는 모습을 보여주세요. 목소리에 감정을 담아 읽으면 아이는 금세 몰입합니다.
- 대화는 가볍게 : 질문은 시험이 아니라 대화입니다. 아이가 대답하지 않아도 괜찮습니다. 부모가 "엄마는 이 장면이 재미있었어." 하고 감정을 나누는 것도 훌륭한 대화입니다.
- 짧더라도 자주 : 한 번에 오래 읽기보다 짧게라도 자주 접하는 게 좋습니다. 같은 책을 반복해 읽는 것도 아이에게는 새로운 발견의 과정입니다.
- 아이의 리듬 존중하기 : 다 읽지 않아도 괜찮습니다. 아이가 그림만 보고 끝내도, 중간에 자기 이야기를 꺼내도 그것이 바로 책 읽기의 힘입니다.

무엇보다 그림책은 아이들에게 지식을 가르치는 교재가 아니라는 점을 기억해 주세요. 그림책 읽기를 통해 아이는 부모와 함께 웃고,

놀라고, 때로는 울며 감정을 나누는 경험을 하게 됩니다. 그 경험이 쌓여 아이 마음속에 도전할 수 있는 힘과 다시 일어날 수 있는 용기를 심어줍니다. 오늘 아이 곁에 앉아 함께 책장을 넘겨 보세요. 정답을 확인하지 않아도, 긴 설명을 덧붙이지 않아도 괜찮습니다. 부모의 목소리와 눈빛 속에서 아이는 그릿을 배우고 있을 테니까요.

제7장

부모와 함께 자라는 아이의 그릿

부모가 완벽하기 때문에 아이가 자라는 것은 아닙니다. 넘어져도 다시 일어서는 법, 마음처럼 잘 되지 않을 때 스스로를 다독이는 법을 아이는 부모의 모습 속에서 배워 갑니다. 아이의 눈에는 늘 부모가 비칩니다. 부모의 말 한마디와 표정, 그리고 작은 행동 하나하나를 통해 아이는 세상을 배워 갑니다.

때로는 정답보다 부모가 건네는 한마디 말과 옆에서 조용히 잡아주던 손끝의 온기, 함께 웃었던 기억이 더 큰 힘이 되어줍니다. 아이는 그 기억들 속에서 세상을 믿을 만한 곳으로 느끼고, 자신을 소중히 여길 줄 아는 사람으로 자라납니다.

그리고 아이의 웃음과 작은 성장의 순간들을 마주하며, 부모는 다시금 용기와 희망을 얻습니다. 아이가 하루하루 자라며 단단해지는 모습을 통해 부모 또한 조금씩 성장해 갑니다.

이처럼 그릿은 부모와 아이가 서로를 비추며, 함께 살아가는 여정 속에서 완성되어 갑니다.

부모와 아이, 함께 처음을 시작합니다

부모가 된다는 건 누구에게나 '처음'입니다. 아무리 준비해도, 아이를 키운다는 일은 책에서 배운 대로 흘러가지 않습니다. 머리로 익힌 이론은 금세 손끝의 현실 앞에서 밀려나고, 부모는 그렇게 몸으로 부딪혀 가며 아이와 한 걸음씩, 조금씩 부모가 되어갑니다.

아이를 사랑하고 잘되기를 바라는 마음은 모든 부모의 공통된 바람입니다. 하지만 사랑의 크기만큼 표현하기란 쉽지 않습니다. 아이가 힘들어할 때마다 마음속에서는 수많은 질문이 오갑니다. '지금 도와줘야 하나?', '조금만 더 해보자고 말해야 하나?', '어떻게 도와줘야 하지?' 어떤 날은 "괜찮아, 엄마, 아빠가 도와줄게."라며 품에 안아주지만, 또 어떤 날은 "전에 가르쳐줬잖아. 넌 도대체 누구를 닮아서 그렇게 말을 안 듣니?"라는 말이 툭 튀어나와 놀라곤 합니다. 때로는 아이를 키운다는 현실이 버겁게 느껴져 잠시 피하고 싶을 때도 있습니다. 하지만 그런 마음조차 부모로서 다시 일어서기 위한 숨 고르기일지도 모릅니다.

저 역시 부모가 되어 깨달았습니다. 교과서에는 쓰여 있지 않지만, 아이와 함께 살며 하나하나 직접 겪어야만 알 수 있는 일들이 있다는 사실을요. 아이를 처음 안았을 때 손끝까지 긴장되던 순간, 울며 보채는 아이를 안고 밤새 집안을 서성이던 기억, 새벽녘 배고픈 울음에 눈을 비비며 분유를 타던 시간…. 잠은 부족했고, 마음은 늘 조급했습니다.

어느 날 지인이 제게 이런 말을 해주었습니다. "백일잔치를 왜 하는 줄 알아? 백일쯤 되면 드디어 아이가 밤에 길게 자거든. 부모들이 그 순간을 축하하는 거야." 농담이었지만, 그 말은 제게 큰 위로가 되었습니다. '나만 힘든 게 아니구나. 부모라면 누구나 처음엔 서툴구나.' 그 한마디가 당시의 저를 버티게 해주었습니다.

어쩌면 지금 이 책을 펼친 당신도 비슷한 마음일지 모릅니다. '내가 제대로 하고 있는 걸까?' 그 답답함과 불안 때문에 책을 열었을지도 모릅니다.

괜찮습니다. 처음부터 다 알고 시작하는 부모는 없습니다. 부모는 아이와 함께 배우고, 함께 자라갑니다. 아이가 자라는 만큼 부모도 자랍니다. 그릿 또한 마찬가지입니다. 그릿은 아이만의 노력이 아니라, 부모와의 관계 속에서 자라납니다. 아이가 넘어질 때 다시 일어나는 힘은, 부모가 그 곁에서 어떻게 반응하느냐에 따라 달라집니다. '실패해도 괜찮아.'라고 말해주는 따뜻한 시선, 기다려 주는 여유, 그리고 함께 도전하려는 용기 속에서 아이의 그릿은 단단히 뿌리내립니다.

이 장에서는 '부모의 그릿'이 '아이의 그릿'과 어떻게 닮아 있는지, 그리고 부모가 아이의 그릿 성장을 어떻게 이끌 수 있는지를 이야기하려 합니다.

그릿의 여정

따뜻한 지지가 아이의 그릿을 키웁니다

'나는 왜 이렇게 부족할까?'

이런 마음은 어른에게만 있는 것이 아닙니다. 부모에게도, 아이에게도, 누구에게나 찾아옵니다. 인간은 사회적 존재로 성장하며 목표를 이루는 과정에서 자신의 부족함을 느끼고, 열등감과 같은 부정적 감정을 경험하곤 합니다. 그러나 이는 결함이 아니라 성장의 징표입니다.

열등감이 그릿에 어떠한 영향을 미치는지를 알아보기 위하여 '보육교사가 지각한 열등감과 정서적 지지가 그릿에 미치는 영향'[22] 연구를 진행하였습니다. 보육교사 319명을 대상으로 살펴본 결과, 자신이 부족하다고 느낄수록 쉽게 의욕을 잃으며 그릿 수준이 낮았지만, 주변의 따뜻한 격려와 지지를 받을 때 그릿이 다시 높아지는 것을 확인하였습니다.

완벽은 우리를 성장시키지 않습니다. 부족함을 알기에 우리는 더 나아지고자 노력합니다. 따라서 우리는 자신의 부족함이나 상처를 부끄럽게 여기거나 부정하지 말고, 스스로를 이해하고 변화로 나아가는 출발점으로 받아들이는 것이 중요합니다.

그릿 역시 완벽할 때 생기는 힘이 아닙니다. 부족하더라도 따뜻하고 진심 어린 응원과 지원 속에서 자라나는 마음의 힘입니다. 아이도 마찬가지입니다. "괜찮아, 다시 해보자." 이 한마디가 아이의 마음에 안정감을 주고, 다시 도전할 용기를 만들어 줍니다.

부모가 아이의 부족함을 다그치거나 빨리 해결해 주려 하기보다, 그 마음을 먼저 이해하고 진심으로 아이를 응원해 주고 기다려 줄 때, 그 안에서 포기하지 않는 힘, 그릿의 씨앗이 자라납니다.

성인의 그릿 모델링과 역할

그릿은 매일 반복되는 평범한 일상 속에서 부모가 보여주는 작은 끈기와 다시 시작하는 용기 속에서 아이의 마음에 차곡차곡 자라납니다. 아이는 곁에서 매일 지켜보는 부모의 말과 행동, 태도 속에서 세상을 배웁니다.

일본 도쿄대학교 연구팀은 18~21개월 자녀와 어머니 412쌍을 6개월 동안 관찰한 결과, 부모가 어려운 일을 포기하지 않고 다시 시도하는 모습을 자주 보여줄수록 아이도 블록이 무너져도 다시 쌓고, 그림을 고쳐 그리는 등 과제를 오래 지속하는 모습을 보인다고 보고하였습니다[23]. 이는 부모의 일상적인 행동 모습과 정서를 조율하는 방식이 자녀의 자기조절력과 끈기에 직접적인 영향을 미친다는 점을 보여주는 연구로, 부모의 그릿 모델링의 중요성을 시사합니다.

"끝까지 해보자."라는 말보다,

부모가 실제로 끝까지 해내는 모습을 보는 것이 더 큰 가르침이 됩니다.

"포기하지 마."라는 격려보다,

부모가 실제로 포기하지 않고 끝까지 해내는 모습을 보여주는 것이 아이에게 백 마디 말보다 더 큰 메시지를 전해 줍니다.

예를 들어, 부모가 무거운 장바구니를 들고 가며 투덜대는 대신 "한 번에 들긴 어렵겠다. 여러 번 나눠서 옮겨볼까? 아니면 집에서 카트를 가져올까?" 하고 해결책을 찾아 고민하는 모습, 가구 조립이 잘 되지 않아 답답하더라도 화를 내기보다 설명서를 다시 살펴보며 다시 조립해 보는 모습, 피곤해도 아침마다 일어나 가족의 식사를 준비하는 모습 등. 이런 일상의 장면 하나하나가 아이에게는 살아 있는 교과서가 됩니다.

같은 씨앗이라도 어떤 땅에 심기느냐에 따라 다르게 자라듯, 아이의 그릿도 환경에 따라 전혀 다른 모습으로 자랍니다. 메마른 사막에서는 싹이 트기 어렵고, 물을 지나치게 주면 뿌리가 썩습니다. 햇볕은 필요하지만, 너무 뜨거우면 잎이 타버립니다. 아이의 작은 시도를 진심으로 기뻐해 주고, 실패했을 때는 "괜찮아, 다시 해보자."라며 함께 고민해 주세요. 때로는 "안 돼."라는 단호한 말로 지켜야 할 규칙을 알려주는 것도 필요합니다. 칭찬만으로는 새싹이 단단히 자라지 않습니다. 반대로 무관심이나 방임 속에서는 새싹이 금세 시들고 맙니다. 따뜻한 격려와 올바른 훈육이 균형을 이룰 때, 비로소 아이의 그릿은 건강하게 뿌리내리고 자라날 수 있습니다.

부모가 갖는 기준이 아이에게는 세상을 배워 가는 첫 번째 가이드라인이 됩니다. 아이에게 진짜 필요한 것은 '무조건적인 보호'가 아니라, '경계를 세워주는 사랑'입니다. 부모는 마치 호밀밭 끝자락에 서 있는 파수꾼과도 같습니다. 아이는 자유롭게 뛰놀며 자신을 알아가고 세상을 만납니다. 유아기는 아이가 '자기 자신'이라는 존재를 처음 만나고, '세상'이라는 무대를 처음 탐색하는 시기입니다. 좋아하는 것과 싫어하는 것, 하고 싶은 것과 하기 싫은 것을 몸으로 겪고, 마음으로 부딪치며 배워가는 시기입니다.

그러나 호밀밭의 한쪽 끝에는, 지금은 호밀에 가려 잘 보이지 않는 깊은 절벽이 있습니다. 부모는 아이가 절벽 아래로 떨어지지 않도록, 필요할 땐 손을 뻗어 막아주고, 넘지 말아야 할 선을 알려주는 파수꾼과도 같습니다. 무조건적인 보호가 아니라, 탐색과 책임 사이의 경계를 가르쳐 주는 일. 그것이 부모가 맡아야 할 중요한 역할입니다.

그릿이 자라나는 환경

아이는 부모가 매일 보여주는 태도 속에서 그릿을 배워갑니다.

궁금한 것을 물었을 때 귀 기울여 주는 부모에게서 호기심과 열정을, 어려워도 끝까지 해보려는 모습을 격려해 주는 부모에게서 도전과 노력을, 감정을 존중하고 기다려 주는 태도 속에서 조절과 적응을 배웁니다. 실수했을 때 건네는 한마디, 실패를 대하는 태도, 감정을 기다려 주는 눈길…. 이 평범한 순간들이 모여 아이 마음속에 그릿의 씨앗이 자랍니다.

그렇다면 지금 우리 가정은 아이의 그릿이 자라날 수 있는 환경일까요? 아래 문항을 통해 점검해 보세요.

호기심과 열정

- 아이의 질문에 귀 기울이고 충분히 반응해 주었나요?
- 엉뚱하거나 반복되는 질문에도 짜증내지 않고 들어주었나요?
- 결과보다 탐색 과정 자체를 칭찬했나요?

도전과 노력

- 아이가 힘들어할 때 다시 용기 낼 수 있도록 응원해 주었나요?
- 실패했을 때 "괜찮아."라고 격려해 주었나요?
- 아이의 어려움에 함께 고민하고, 과정을 중요시 여겨주었나요?

조절과 적응

- 아이의 감정을 읽어주고, 조절할 수 있도록 도와주었나요?
- 아이가 스스로 생각할 수 있는 시간을 주었나요?
- 계획, 규칙을 아이와 함께 정하고자 해보았나요?

그릿의 여정

함께한 시간의 온도, 아이의 그릿을 키웁니다

현대사회는 가족 구성원 모두가 각기 바쁜 삶을 살아갑니다. 과거에는 자녀의 정서불안, 가족 간 갈등 문제를 해결하기 위해 가족이 함께하는 시간을 늘리는 데 초점을 두었습니다. 그러나 코로나19 팬데믹 기간, 가족이 함께 머무는 시간이 늘었음에도 역설적으로 가정 내 갈등과 폭력, 아동의 언어 지연 사례는 오히려 증가했습니다. 가족이 함께 있는 시간이 늘었는데 왜 아이의 행복은 줄어든 것일까요?

이 물음에서 '한국 아동의 가족과의 시간사용 만족도, 학업스트레스가 그릿에 미치는 영향'[24) 연구가 시작되었습니다. 연구 결과, 가족과 보내는 시간에 만족감을 느낄수록 아이의 그릿 수준은 높았으며, 학업에서 받는 스트레스는 낮게 나타났습니다. 즉, 가족과 함께하는 시간의 '양'이 아니라 '질'이 아이의 그릿 형성에 결정적인 영향을 미친 것이었습니다.

가족이 함께 밥을 먹고, 이야기를 나누며, 여가를 즐기는 짧은 순간들 속에서 아이는 사랑받고 있다는 안정감과 행복감을 느낍니다. 그 따뜻한 기억은 세상과 자신을 바라보는 긍정적인 마음의 틀을 만들고, 어려움 속에서도 다시 도전할 수 있게 하는 '심리적 완충재'가 됩니다. 이는 그릿이 관계의 온도 속에서 자라는 사회 · 정서적 힘임을 보여줍니다.

가족이라는 첫 번째 사회적 관계는 아이의 내면적 성장을 촉진하고, 그릿을 키우는 데 가장 중요한 토대가 됩니다. 중요한 것은 '얼마나 오래 함께 있었는가'가 아니라, 짧더라도 함께한 그 시간이 따뜻하고 의미 있었는가 하는 것입니다. 부모가 아이와 함께 웃고, 이야기하고, 사소한 순간에도 진심을 나눌 때, 그 안에서 아이의 그릿은 단단하게 자라납니다.

지금 이 시기를 놓치지 마세요

그릿은 한번 길러지면 쉽게 사라지지 않습니다. 하지만 그렇다고 저절로 생기는 행운도 아닙니다. 그릿을 키운다는 것은 특별한 훈육이나 단 한 번의 극적인 사건이 아니라, 매일 반복되는 일상의 작은 도전 속에서 이루어집니다.

유아기는 감정이 다양하게 피어나고, 세상을 향한 호기심이 커지며, 자신에 대한 감각이 자리 잡기 시작하는 시기입니다. 이때는 아이의 평생을 지탱할 마음의 기초 체력이 만들어집니다. 그래서 유아기는 단순한 성장의 한 시기가 아니라, 삶을 살아갈 힘의 토대를 다지는 결정적인 시기입니다.

하지만 부모의 입장에서 유아기 자녀와 함께하는 하루하루는 그리 녹록하지 않습니다. 끝없는 "왜요?" 질문이 쏟아지고, 감정이 폭발했다가도 금세 웃음으로 바뀌곤 하며, 식탁에서는 편식과 씨름하고, 잠을 재우고 나면 하루가 어느새 저물어 있습니다. 부모는 종종 지치고, "언제쯤 내 시간이 생길까?" 하고 한숨이 절로 나오기도 합니다.

그런데 아이의 시간은 생각보다 훨씬 빠르게 흘러갑니다. "언제 이렇게 컸지?" 하고 놀라는 순간, 그토록 힘들다고 느꼈던 자녀의 유년기는 지나가 있습니다. 유아기 시기가 길게 느껴지지만, 실제로는 너무나 짧은 시간입니다.

그래서 지금, 이 시간을 놓치지 말아야 합니다. 유아기의 하루는 어른의 일 년보다 더 큰 변화를 품고 있습니다. 부모가 아이 곁에서 함께 웃어주고, 기다려 주고, 응원하는 그 작은 순간들이 아이의 마음에 단단한 뿌리로 남습니다.

아이에게 진짜 필요한 것은 부모와 함께 보내는 '질 높은 시간'입니다. 멀리 떠나지 않아도 괜찮습니다. 집 앞 놀이터에서 깔깔 웃는 순간, 저녁 식탁에서 하루를 나누는 짧은 대화 속에서 아이의 그릿은 자라납니다. 부모의 따뜻한 시선과 함께하는 시간이 아이의 마음에 단단한 뿌리를 내리고, 앞으로 어떤 도전을 만나도 다시 일어설 힘, 그릿의 씨앗이 되어 줍니다. 아이와 함께한 오늘의 짧은 순간들이 모여 인생을 버텨낼 힘이 됩니다.

아이의 그릿은 오늘도 나와 함께 자라고 있습니다. 아이의 성장은 부모의 믿음에서 자라고, 부모의 믿음은 아이를 통해 다시 자라납니다. 우리가 매일 마주하는 부족한 오늘이 결코 실패가 아니라, 내일을 향한 그릿의 또 다른 시작임을 기억하길 바랍니다.

아이야,
빛을 좇는 사람이 아닌
아이야,
빛을 내는 사람이 되려무나

네 안의 작은 빛은
세상 그 무엇보다
더 반짝이는 빛이 될 거란다

네가 남긴 흔들리는 발자국은
세상 그 어떤 길보다
더 단단한 길이 될 거란다

때로는 울어도,
잠시 멈춰 쉬어가도 괜찮단다

엄마는
다시 일어서는 널 위한
작은 등불이 되어 줄게

부록

부록 : 문항별 행동 예시

이 부록은 유아 그릿 척도의 각 문항을 실제로 어떻게 관찰할 수 있는지를 돕기 위해 구성되었습니다. 각 문항의 핵심 의미와 함께 구체적인 행동 예시, 빈도 기준을 제시하여 유아의 그릿을 자세히 살펴볼 수 있도록 하였습니다. 제시된 예시는 참고용으로, 반드시 그대로 나타나야 하는 것은 아닙니다.

호기심과 열정

호기심과 몰입은 그릿의 첫걸음입니다. 아이가 주변에 눈을 반짝이며 관심을 보이는 순간들을 떠올려 보세요.

문항 1. 주변에 호기심을 보인다.	
핵심	아이가 일상에서 '궁금해하고 탐구하려는 마음'을 보이는지를 살펴봅니다. 여기서 말하는 '주변'은 아이가 일상에서 마주하는 모든 자연 · 사물 · 공간 · 사람 · 상황을 포함합니다.
행동 예시	• 작은 벌레를 발견하고 한참 쪼그려 앉아 관찰한다. • 장난감이나 생활 도구를 살펴보며, 어떻게 움직이는지 살펴본다. • 그림책 속 그림이나 글자를 짚어가며 자세히 들여다본다.

빈도 기준 (공통)	• 없음 : 1주일간 관찰 상황에서 해당 행동이 전혀 나타나지 않음 • 드묾 : 주 1회 이하로 짧고 단절적으로 나타남 • 가끔 있음 : 주 2~3회, 행동의 지속 시간이 짧거나 쉽게 중단됨 • 자주 있음 : 주 4회 이상, 다양한 상황에서 안정적으로 나타남 ※ 평일 관찰이 어려운 경우, 주말 동안 살펴보아도 괜찮습니다.

문항 2. 호기심이 생기면 알아내려고 살펴본다.	
핵심	아이가 호기심을 해결하기 위해 스스로 탐색하는 태도를 살펴봅니다. 여기에서 '살펴본다'는 눈으로 보는 것, 만져보고, 비교하고, 반복하는 등의 탐색 과정을 포함합니다.
행동 예시	• 버튼을 여러 번 눌러 어떤 기능인지 확인한다. • 같은 현상을 계속해서 지켜본다(예 물이 떨어지는 걸 계속 본다). • 그림책 속 장면을 가리키며 "왜 이렇게 됐어?" 하고 묻는다.

문항 3. 스스로 선택한 놀이나 활동을 즐긴다.	
핵심	아이가 자신이 하고 싶다고 생각하거나 의미 있다고 느낀 놀이 혹은 활동을 스스로 선택하고, 그 과정에서 즐거움을 느끼며 몰입하는지 여부를 살펴봅니다.
행동 예시	• 자신이 선택한 놀이와 활동을 오래 이어간다. • 놀이 중 웃거나, 박수를 치거나, 즐거움이 몸으로 나타난다. • 놀이가 끝난 뒤에도 "또 하고 싶어"라며 같은 놀이를 반복한다.

문항 4. 놀이나 활동에 적극적으로 참여한다.	
핵심	아이가 놀이 · 활동을 이어가는 것을 넘어, 스스로 참여하고 아이디어를 보태며 능동적으로 이어가는 모습을 살펴봅니다.
행동 예시	• "나도 같이 놀자", "나도 병원 놀이 할래"처럼 참여 의지를 표현한다. • 놀이가 잠시 끊겨도 다시 돌아와 이어간다. • 놀이 도구를 직접 꺼내와 활동을 시작한다.

문항 5. 놀이나 활동의 과정을 즐긴다.	
핵심	아이가 놀이 · 활동에서 결과보다 과정(시도 · 탐색 · 반복) 자체를 즐기는지를 살펴봅니다. 결과가 기대와 달라도 흥미를 잃지 않고 시도와 탐색을 이어가는 모습은 실패나 실수에도 다시 시도하려는 힘으로 이어지며 장기적으로는 끈기와 몰입을 키우는 토대가 됩니다.
행동 예시	• 블록이 무너져도 다시 쌓으며 쌓는 과정을 즐긴다. • 그림이 마음에 안 들어도 지우고 다시 그리며 그리는 과정을 재미있어한다. • 찰흙이나 물놀이에서 모양을 바꿔가며 만드는 과정을 오래 이어간다.

도전과 노력

작은 계획을 세우고 포기하지 않으며 끝까지 해내려는 힘은 그릿의 핵심입니다. 아이가 힘든 순간에도 다시 일어서는 모습을 놓치지 말고 지켜봐 주세요.

문항 6. 목표를 달성하기 위해 계획을 세운다.	
핵심	아이가 하고 싶은 것을 이루기 위해 순서를 계획해 본다거나("먼저 ~ 하고, 그다음 ~ 해야지"), 필요한 것을 미리 준비하는 모습을 살펴봅니다. 계획을 세웠다는 것은 준비물 챙기기, 순서를 말하기, 차례대로 행동하기 등 구체적 행동을 통해 알 수 있습니다. 이러한 계획하기는 목표 지향적 태도의 시작으로, 유아 그릿에서 도전과 노력의 기반이 됩니다.
행동 예시	• 블록 놀이를 시작하기 전에 필요한 블록 상자를 스스로 챙겨온다. • 그림을 그리기 전에 종이와 색연필을 먼저 준비한다. • 피아노 악보를 펼쳐 "여기까지 연주해 볼 거야"라고 말하며 앉는다.

문항 7. 계획이나 약속을 실천하기 위해 노력한다.	
핵심	아이가 스스로 세운 계획이나 사회적 약속을 단순히 말하거나 준비하는 데서 멈추지 않고, 실제 행동으로 옮기려는 모습을 살펴봅니다. 이러한 실천 경험은 유아 그릿에서 끈기와 실행력을 키우는 중요한 기반이 됩니다.

행동 예시	• '저녁 먹고 양치하기' 약속 – 저녁을 먹은 후 졸리지만 양치한다. • 놀이터에서 그네를 먼저 타고 싶지만, 순서를 지킨다. • '줄넘기 다섯 번 넘기' 계획. 힘들어도 계속 시도한다

문항 8. 스스로 문제 해결 방법을 찾으려 노력한다.	
핵심	문제에 부딪혔을 때, 곧바로 어른에게 도움을 요청하기보다 먼저 자기 힘으로 다른 방법을 찾아보려는 태도를 살펴봅니다. 이는 문제 해결 과정에서 보이는 아이의 주도성을 보여줍니다.
행동 예시	• 퍼즐 조각이 맞지 않자, 자리를 바꿔 끼워 본다. • 블록 탑이 무너지면 블록 크기나 위치를 바꿔 다시 쌓는다. • 물감이 번지면 새 종이에 다시 그리거나, 물감을 더 넣어보거나, 붓을 닦고 이어간다.

문항 9. 어렵거나 힘들어도 포기하지 않고 계속 도전한다.	
핵심	아이가 어렵거나 힘든 상황에서도 금세 포기하지 않고, 계속 시도하며 도전하는 끈기와 지속성을 살펴봅니다. 어려움 앞에서도 포기하지 않고 도전하는 힘은 그릿의 대표적인 특성이며, 실패를 경험하면서도 배우고 성장하는 기초가 됩니다.
행동 예시	• 줄넘기가 잘 되지 않아도 여러 번 다시 시도한다. • 블록 탑이 계속 무너져도 포기하지 않고 다시 쌓는다. • 젓가락질이 서툴러 음식이 자꾸 떨어져도 끝까지 시도하며 먹으려 한다.

문항 10. 작은 성공 경험을 토대로 더 큰 목표에 도전한다.	
핵심	아이가 이전에 경험한 작은 성취를 발판 삼아, 더 어려운 과제나 높은 수준의 목표에 도전하는 태도를 살펴봅니다. 이는 성취 경험을 성장의 디딤돌로 삼는 것으로, 그릿의 도전성과 확장성을 보여줍니다.
행동 예시	• 젓가락으로 과자를 집는 데 성공한 뒤, 더 미끄러운 면발이나 작은 콩을 집어보려 한다. • 짧은 단어 읽기에 성공한 뒤, 더 긴 문장을 읽으려 한다.

조절과 적응

스스로 감정을 다스리고, 상황에 맞게 행동을 바꾸는 힘은 그릿의 또 다른 기둥입니다. 아이가 낯선 환경에서도 한 걸음 내딛고, 친구의 의견을 존중하며 함께 어울리려는 모습을 찾아보세요.

문항 11. 자신의 감정을 조절하려 한다.	
핵심	아이가 화, 속상함, 서운함 같은 감정을 느낄 때 그것을 그대로 폭발시키지 않고, 스스로 가라앉히거나 다른 방식으로 표현하려는 태도를 살펴봅니다. 유아기에는 감정 조절이 아직 완벽하지 않지만, 시도해 보는 과정 자체가 중요한 발달 경험이며, 점차 자기조절의 힘으로 이어집니다.
행동 예시	• 조립하던 블록이 무너져 속상하지만, 울음을 멈추고 다시 해본다. • 화났을 때 잠시 방에 들어가 스스로 진정하고 나온다. • 유튜브를 더 보고 싶어 속상했지만, 약속한 시간이 되자 아쉬운 마음을 다스리며 스스로 끈다.

문항 12. 자신의 행동에 주의를 기울인다.	
핵심	아이가 자신의 행동을 의식하고 조절하려는 태도를 살펴봅니다. 유아기에는 여전히 실수가 많습니다. 하지만 조심히 해보려고 천천히 해보는 등 자신의 행동을 의식하며 주의를 기울이는 모습은, 더 세밀하게 조작하고 실수를 줄이게 해줍니다.
행동 예시	• 놀이터에 빨리 가고 싶지만, 파란불이 켜질 때까지 인도에서 기다린다. • 물을 컵에 따를 때 흘리지 않도록 천천히 기울인다. • 그림을 그릴 때 선을 벗어나지 않도록 손을 조심스레 움직인다.

문항 13. 어려움을 해결하기 위해 다양한 방법을 시도한다.	
핵심	아이가 한 가지 방식만 고집하지 않고, 다른 방법이나 도구로 바꿔가며 문제의 해결책을 찾아가는 태도를 살펴봅니다. 이는 상황에 맞게 접근을 조정하는 유연성을 보여줍니다.

행동 예시	• 블록 탑이 자꾸 무너지자 블록 모양이나 크기를 바꿔 다시 쌓아 본다. • 풀로 종이가 잘 붙지 않자, 테이프나 클립으로 고정해 본다. • 종이비행기가 잘 날지 않으면, 접는 모양을 바꿔 다시 만들어 본다.

문항 14. 상대방의 의견을 존중하고 반영한다.	
핵심	아이가 놀이와 활동에서 자기 생각만 고집하지 않고, 친구나 어른의 의견을 존중하며 함께 반영하는 태도를 살펴봅니다. 이는 사회적 관계 속에서 협력과 조율을 배워가는 과정으로, 이런 경험은 협력과 존중의 기반이 됩니다.
행동 예시	• 게임에서 다른 사람이 제시한 방법이나 의견을 수용해 본다. • 그네를 계속 타고 싶었지만 친구도 원하자, "우리 10번씩 타고 양보하자"라며 순서를 정하여 번갈아가며 탄다.

문항 15. 낯선 환경에서도 새로운 경험을 받아들인다.	
핵심	아이가 새로운 장소, 사람, 활동을 만났을 때 두려움이나 낯섦을 느끼더라도 조금씩 다가가고 시도하며 경험을 받아들이는 태도를 살펴봅니다. 낯섦 속에서도 스스로 발을 내딛는 이런 모습은 아이가 세상에 적응해 가는 힘을 보여줍니다.
행동 예시	• 처음 간 키즈카페에서 부모의 옆에서 지켜보다 곧 혼자 미끄럼틀에 올라가 본다. • 생소한 음식이 나왔을 때, 거부하지 않고 작은 한 입을 시도해 본다. • 새로운 미술 재료(거품물감, 점토 등)가 낯설지만, 손끝으로 만져보다가 점차 놀이에 참여한다.

주석

1) Duckworth, A. L., Peterson, C., Matthews, M. D., & Kelly, D. R. (2007). Grit scale. *Journal of Personality and Social Psychology, 92*(6), 1087–1101.

2) Cnesco. (2023). The well–being of South Korean students in a context of high academic pressure. *Centre national d'étude des systèmes scolaires*.

3) Bahrudin, B., Widiasih, P. A., & Trendita, J. (2024). The effect of grit on career commitment in Generation Z employees. Proceedings of ISPsy 2023 – International Symposium on Psychology, 18–19 July 2023, Purwokerto, Indonesia.

4) https://angeladuckworth.com/about-angela

5) https://youtu.be/H14bBuluwB8?si=hC9MwWAnw9bf78sH

6) 디스패치.

7) Billboard Korea.

8) 동아일보.

9) Heckman, J. J. (2006) Skill formation and the economics of investing in disadvantaged children. *Science, 312*(5782), 1900–1902.

10) https://www.focus.cuhk.edu.hk/en/20241009/nobel-laureate-in-economic-sciences-james-heckman-joins-cuhk-as-distinguished-professor-at-large/050-social_science_en/

11) HighScope Facebook.

12) Heckman, J. J., Stixrud, J., & Urzua, S. (2006). The effects of cognitive and noncognitive abilities on labor market outcomes and social behavior. *Journal of Labor Economics, 24*(3), 411–482.

13) 박화윤 · 안라리 (2006). 만 3, 4, 5세 유아의 연령별 사회적 능력과 정서조절 전략의 관계. **유아교육연구, 26**(4), 351–369.

14) 이용주 · 오선영 (2014). 유아의 자아개념과 유아교육기관 적응 간의 관계. **열린유아교육연구, 19**(1), 343–362.

15) Sutter, M., Untertrifaller, A., & Zoller, C. (2022). Grit increases strongly in early childhood and is related to parental background. *Scientific Reports, 12*(1), 3561.

16) 이유미 · 김선정 (2022). 유아기 자아개념, 학령기 아동의 그릿과 학업수행 능력 간 종단연구. **열린부모교육연구**, 14(1), 23–40.

17) 누리과정 포털 사이트 '아이누리'. 개정 누리과정 표어 공모전 수상작.

18) Bioscience Image Library.

19) BioNinja.

20) Posner, M. I., Rothbart, M. K., Sheese, B. E., & Voelker, P. (2012). Control networks and neuromodulators of early development. *Developmental Psychology, 48*(3), 827–835.

21) 김선정 (2024). 한국형 유아 그릿 척도(KP–Grit) 개발 및 타당화 연구. 가천대학교 일반대학원 박사학위논문.

22) 김선정 · 이유미 (2021). 보육교사가 지각한 열등감과 정서적 지지가 그릿에 미치는 영향. **유아교육연구**, 41(6), 285–305.

23) Jung, A., Ishibashi, M., Shinya, Y., & Itakura, S. (2024). Relationship between maternal grit and effortful control among 18–21–month–old toddlers. *Frontiers in Psychology, 15*, 1346428.

24) Kim, S. J., & Lee, Y. M. (2023). Effects of satisfaction in spending time with family and academic stress on grit among Korean early adolescents. *International Journal of Early Childhood Education, 29*(2), 1–18.

저자소개

김선정

현 어린이그릿연구소 대표
전 열린부모교육학회 사무국장
　한국아동중심실천학회 편집간사

그릿을 주제로 어린이와 교사의 건강한 성장과 발달을 연구해 왔다. 한국형 유아 그릿 척도 개발 연구로 박사 학위를 받았으며, 현재 유아교육 현장과 부모를 잇는 강의를 이어가며, 아이와 부모가 함께 성장하는 그릿의 의미를 전하고 있다.

가천대학교 일반대학원 유아교육전공 (문학박사)
가천대학교 교육대학원 유아교육전공 (교육학석사)
명지대학교 아동학전공 (아동학사)
가천대학교 법학과 (법학사)

AI 시대에도 변하지 않는 성장의 힘
끝까지 해내는 아이로 자라는 마음 근육, 그릿(Grit)

유아 그릿

| 저자 | 김선정

| 1판 1쇄 | 발행 2025년 12월 30일

| 발행인 | 김동훈
| 발행처 | **공동체**

| 주소 | 경기도 고양시 일산동구 호수로 358-39 동문타워 I 905호
| 전화 | 031)814-3000(대표)
| 팩스 | 031)814-3100
| 홈페이지 | http://www.compub.co.kr
| 전자우편 | compub@naver.com
| 출판등록 | 2005년 10월 6일
| 등록번호 | 제396-2005-6호

| ISBN | 979-11-7554-055-2
정가 15,000원